生き物としての力を取り戻す
50の自然体験

〢〢〢〢〢 身近な野あそびから森で生きる方法まで 〢〢〢〢〢

カシオ計算機株式会社 監修
株式会社Surface&Architecture 編

オライリー・ジャパン

Copyright © 2018 WILD MIND All rights reserved.

本書で使用するシステム名、製品名は、それぞれ各社の商標、または登録商標です。
なお、本文中では、TM、®、©マークは省略しています。

本書の内容について、株式会社オライリー・ジャパンは最大限の努力をもって正確を期していますが、
本書の内容に基づく運用結果については、責任を負いかねますので、ご了承ください。

自然の面白さとは何でしょうか？

目を見張る。

心が踊る。ほっとする。

自然の中には、心が動く体験がたくさんあります。

こんな体験のなかで、人はふたたび自然の一部となり、

失ってしまった「生き物としての力」を

取り戻しているのかもしれません。

本書は、これまでとは一味違う自然体験のアイデア集です。

身近な公園で楽しめるものから森の中で生きる方法まで、

感性や心の野生を取り戻す

幅広い自然体験を紹介しています。

33人のスペシャリストと

生き物としての力を取り戻す体験をしに出かけよう！

本書の使い方

本書は、33人のスペシャリストが寄稿した、野遊びや自然体験のアイデアを集めたものです。どの体験も、STEP形式で構成し、写真や図を使って解説しています。本書の構成を理解することで、よりスムーズに実践できるようになります。本書は、順番に関係なく興味を持った体験から自由にはじめることができます。

紙面の見方
本書を読み進めるにあたり、紙面の見方を解説します。

A 体験した日
実践した日付を記録として、記入しましょう。

B 著者情報
体験アイデアを提供するスペシャリストの氏名、所属や職業が記されています。

C 概要
タイトルで興味を持ったら、ここを読むとどんなことが体験できるのかわかります。

D 目安
作業を始めてから終わりまでかかる時間※や、STEPの合計数、難易度の目安です。
※個人差があります

E 準備するもの
実践するにあたって、必要なものの一覧です。

F まとめ
実践すると何に気づけるのか、どういうことに目を向けられるのかをまとめています。

G 章の構成
本書では、章（CHAPTER）でカテゴリーを分けています。どこからでも興味を持ったものからはじめることができます。

CHAPTER 1	感じる	五感で自然を感じよう
CHAPTER 2	見つける	自然の不思議を見つけよう
CHAPTER 3	意識を変える	自然の見方を変えよう
CHAPTER 4	食べる	身近な自然を食べてみよう
CHAPTER 5	身につける	森で生きる術を身につけよう
CHAPTER 6	作る	自然を楽しむものを作ろう

004

楽しむための大事なルール

自然は、危険があるからスリリングで面白い。けれど、無謀な行動は避けるべきです。楽しむためのルールを守り、自然のなかで危険を見極め、対応できる力を少しずつ身につけて行きましょう。

野生食材採集と喫食について

野生食材の喫食には危険と責任が伴います。なかには、食用種にそっくりな有毒種があります。食用種であっても農薬や化学物質によって汚染されていることもあります。食毒の判定に絶対の自信がない場合は採集物を口にしないでください。本書の記載内容が元で生じたいかなる中毒症状に関して、責任を負うものではないことをご理解ください。

立ち入り・採集について

私有地や、管理された区域への立ち入り・採集は、必ず管理者の許可のもと行ってください。また、地域によっては、紹介した自然物などの採集が禁じられていることもあります。楽しむ際は地域のルールを確認してください。また、ルールが設けられていない自然物でも、周囲をよく観察し大きな負荷を与えないように、「必要なだけ」採集するようにしましょう。

自然への配慮について

自然に入ると、そこで生きているのは人間だけではありません。「Leave No Trace」の精神で、自然のバランスを崩さないように十分な配慮のもと体験し、はじめの状態に戻して立ち去るようにしましょう。

お子様の体験について

本書で紹介している体験は、小さなお子様から大人まで、幅広く楽しんでいただける内容を心がけています。お子様が体験される場合は、安全管理のもと年齢に合わせた配慮を行うようにしてください。

免責事項

本書は、娯楽と啓発を目的としています。できるかぎりチャレンジしやすく、わかりやすい内容を心がけていますが、なかには難易度の高いものもあります。また、季節や天候、場所などによって、実現できない場合もあります。必ずうまくいくとは限らないことをご理解ください。

自然のなかでの行動は、危険と責任が伴います。特に、河川や海辺の増水や高波、山や森での急な天候の変化など、予測しない事態に見舞われる可能性もあります。安全上の注意(本書に書かれているものに限らず)を怠らないようにして、良識を持ち、ご自身の判断で責任をもって行動して下さい。

本書では、ナイフなどのツールを使った体験も紹介しています。各種ツールの取り扱いや使い方については、製品ごとの情報に従いご利用ください。本書の記載内容を正確に利用したか否かにかかわりなく、それが元で生じたいかなるケガや破損に関して、著者、監修者、編集者、出版社が責任を負うものではないことをご理解ください。

必ず、法律を順守してください。正しい判断と常識をもって行動し、財産権や個人の権利を含む、他者の権限を犯すことがないようにご注意ください。本書に記載された内容に基づく行動が原因で生じた損害について、責任を負うものではありません。

ご質問・ご意見

この本に関するコメントや質問を電子メールで送るには、以下のアドレスへお願いいたします。
電子メール:japan@oreilly.co.jp
Make MagazineやMaker FaireとMake: Onlineなどからなる Maker Mediaは、
想像的な着想と作業の手引きを提供して、DIY精神を後押しします。
Maker Mediaについての詳細は、以下のWebサイトを参照してください。
Make:https://makezine.com/
Make日本語版:http://makezine.jp/

目次

	本書の使い方・楽しむための大事なルール	004
	生き物としての力を取り戻す ｜ 岡村祐介	010
	人生にとって大切なことはすべて虫から学んだ ｜ 福岡伸一	014
	不思議を知覚し、発見する力を養うために ｜ 阿部雅世	018

CHAPTER 1 感じる　024

01	日本のロックバランシング「石花」で石を立ててみよう	026
02	ネイチャーカラーパレットで自然の色を感じよう	029
03	高度1mから飛び込み、視線を解放　マイクロスカイダイビングに挑戦	033
04	森の中で「あかり」を楽しもう	036
05	森と同化し、森の音を録ろう	039
06	自然の音に歌詞をつけよう	043
07	オノマトルーペを使って自然のテクスチャーを楽しもう	046
08	自然の中の歩き心地を感じハプティックスケープを描こう	049
09	自然の匂いを抽出して香水を作ろう	052

CHAPTER 2 見つける　058

10	空飛ぶざぶとん　ムササビを目撃しよう	060
11	大潮の夜　真夜中の磯を探検しよう	063
12	青く輝く神秘　ウミホタルを観察しよう	067
13	世にもかわいい毒きのこを探しに行こう	070
14	空飛ぶアメーバ　粘菌を探しに行こう	073
15	不思議な生物　地衣類を探しに行こう	077
16	腹ぺこイモムシを見つけよう	081
17	太古に生まれた天然石を見つけよう	084
18	ビーチコーミングで浜辺の宝物を集めよう	087
19	シェイプハントで自然のかたちに恋しよう	091
20	魚を食べて魚の耳石を見つけよう	094
21	春を待つユニークな顔　冬芽を探しに出かけよう	097

CHAPTER 3 意識を変える　100

22	半月で地球の公転を実感しよう	102
23	地球を背負って流れ星を見よう	106
24	寒さが好きになる発想転換をネイティヴアメリカンに学ぼう	109
25	身近な「川」を探して「流域地図」を描こう	112

26	カラフルな土を絵の具にして絵を描こう	117
27	映像の工作　自然の個体差を観察しよう	121
28	苔テラリウムで苔の気持ちに迫ろう	125
29	人工の自然を探しに行こう	129
30	街のスキマに植物を、そして生態系を探してみよう	132

採ること、食べること、交わること ｜ 藤原祥弘　　138
森に炎をもらいに ―ナイフ1本で火をおこすということ― ｜ 川口拓　　142

CHAPTER 4　食べる　146

31	摘み草をして春の小川の「道草」を食べてみよう	148
32	糖化を利用して野菜と麹のジャムを味わおう	151
33	ドングリからデンプンをとって「ドングリもち」を食べよう	154
34	季節を感じ紅葉を食べてみよう	159
35	焚き火を使って「干し肉」を作ろう	162

CHAPTER 5　身につける　166

36	ペグ作りでナイフの基本を身につけよう	168
37	ナイフ1本で火起こし　きりもみ式発火を身につけよう	172
38	タープと2種のロープワークでシェルターを作ろう	177
39	フォックスウォークを身につけて地球と歩こう	183
40	野生動物と同調する技を身につけてトラッキングをしてみよう	186
41	身体に「ものさし」をインストールしよう	190
42	風見鶏になって風を感じリングワンデリングを体験しよう	193

CHAPTER 6　作る　196

43	「カラムシ」の繊維で紐を作ろう	198
44	五寸釘を七輪で熱してナイフを作ろう	202
45	コールバーニングをマスターしてウッドスプーンを作ろう	208
46	空き缶でウッドガスストーブを作ろう	212
47	葉っぱの神秘　葉脈標本を作ろう	218
48	デジタル・ピンホールカメラを作って光と遊ぼう	220
49	100%自然のオブジェ「ハナズミ」を作ろう	224
50	身近な薬草「オオバコ」で軟膏を作ろう	227

おわりに　　232
著者一覧　　234

007

生き物としての
力を取り戻す

岡村祐介 ｜ エクスペリエンス デザイン ディレクター

PROFILE

1997年慶應義塾大学大学院政策メディア研究科卒業。株式会社AXISにて、インタラクションデザイン部門マネージャーとして、情報端末等のUIデザインを中心に、サービス企画や研究開発を手がける。2012年株式会社Surface&Architectureを設立。東京インタラクティブ・アド・アワード銅賞、アックゼロン・アワードグランプリ及び総理大臣賞、グッドデザイン賞ベスト100、「未来つくりデザイン賞」など、受賞多数。

　改めて振り返ってみると自分にとって遊びといえば、自然のなかで遊ぶことだった。子どものころ雨で野山で遊べない日は息苦しかったし、学生時代は少し自然からは遠い生活を送っていたものの、働きはじめてからは、フライフィッシング、キャンプ、登山など休みの日は自然のなかで過ごし、給料のほとんどをその道具に費やしてきた。

　紅葉も深まる、とある休日、近くの公園でパークレンジャーによるガイドウォークがあるというので参加してみることにした。長年の野遊びの経験もあるので、特に何か新しいことを期待する訳ではなかったのだが……。

　公園内のさまざまな植物を前にして、その名前や豆知識を教えてもらうことは楽しかったけれど、自分の性分からしてすぐにその知識を忘れてしまうだろう……そんな風に考えながら歩いていた。イベント終盤、パークレンジャーが紅葉をテーマにちょっとした遊びをはじめた。

「じゃ、皆さん、一番赤い葉っぱを見つけてきてください」

参加者20人ほどが一番赤く紅葉している葉を持ちより、ブルーシートの上に並べてみる。こんな遊びがいくつか続いた。その中で特に印象に残っているのは、「次は1枚の葉っぱのなかに一番たくさんの色がある葉っぱを探してみましょう」という投げかけだった。各自が思い思いの葉を探しだし、ブルーシートの上には色とりどりの葉が並べられた。

紅葉は美しい。よく知っているつもりだったけれど、投げかけられた言葉によって、見える色の数が変わり、ひとつの葉にこれほどの色があるのかと驚いた。何かを体験するときに、ぼんやりとした意識をフォーカスさせ、感じる力を高めるような一言がある。物事に精通した人の投げかけが印象に残る体験だった。

もうひとつ、本書に関係する体験を紹介したい。「DIALOGUE IN THE DARK」というワークショップで、視覚障害を持つ人に導かれ、数名のグループごとに暗闇を体験するというものだ。目をつぶることや明かりのない夜を過ごすことで、暗闇がどんなものかは誰もが知っている。ところが、実際の体験は驚くほど想像と違っていた。暗闇のなかで部屋から部屋へ移動すること、顔を見たことがない人と対話すること。何も見えないなかでお金を払い、グラスへ飲み物をそそぐということ。聞こえてくる音や皮膚や足裏の感覚、見ることとは違う濃密な断片をつぎはぎするような世界。自分が感じている世界とは異なる、新しいリアリティがそこにはあった。

この2つのエピソードは、本書のもととなった「WILD MIND GO! GO!」（https://gogo.wildmind.jp/）というウェブサイトを企画している時にヒントとなった体験だ。人と自然のつながりを取り戻し、自然体験から人を成長・進化させるプロジェクトをはじめたいと

YUSUKE OKAMURA / 011

いうカシオ計算機さんのアイデアを、どう形にしていくかを考えている時に、この2つの体験が脳裏に浮かびあがった。

　暗闇での体験は、新しいリアリティから自分の感覚や意識を拡張するものだった。同じように、自然に新しいリアリティを感じる体験は、感覚を研ぎ澄し、考え方や意識に作用することから、人を拡張できるのではないかと考えた。そして、私たちの自動化したものの見方を揺さぶる体験を考案できるのは、ガイドウォークで体験したように、専門性を持つ人たちだ。独自の視点から自然を見ている、たとえば、デザイナー、アーティスト、科学者、そういったスペシャリストの視点を借りて、ユニークな自然体験を紹介していきたい。こんな流れで、この本の前身である「WILD MIND GO! GO!」というウェブサイトははじまった。

　本書は、自然の新しいリアリティを体験から感じ、人を拡張させることを目指している。では、どう拡張させるのかというと、それが本書のタイトルである「生き物としての力を取り戻す」ということだ。生き物としての力と言うと、身体的なたくましさの方が思い浮かぶが、本書で意図するのは、身体的な野生やたくましさよりも、むしろ抑圧されない、開かれた感覚や心の野生である。

　先日、六本木で開かれた展覧会で中沢新一*さんは、「野生への入り口」と題し、こんな文章を書いている。

> 「農業革命が開始されるとともに、感覚と思考は次第に自由さをうしなっていった。感覚は美の基準にしたがって統御されるようになり、思考は合理性の基準にしたがって管理されていくようになった。野生の美に代わって、文明のおしゃれが優勢となり、野生の思考に変わって、家畜動物さながらに合理性によって管理された『飼いならされた思考』が支配的になっていき、いつしか野生の感覚と思考は世界のニッチに追い込まれていった。」

企画展「野生展：飼いならされない感覚と思考」
21_21 DESIGN SIGHT

この文章を読んだ時、まさに考えていることを言い当てられて、はっとするような思いがした。「野生の感覚と思考」この2つこそ生き物としての力であり、自然の新しい姿を捉える体験から取り戻そうとしているものだ。

最後に、野生の感覚や思考を取り戻すためのちょっとしたコツを紹介したい。それは、「自分もまた自然の一部をなす生き物である」という意識を持つことだ。都市で生活していると自然はどうしても鑑賞するものとして向こう側のものになってしまう。自然のなかにあるものを食べ、道具を作り、そこで寝る、そういう多様な関係性のもとに自然と向き合うことで、きっと野生の感覚と思考を開くことができる。

人は癒しを求めて自然に触れる。しかし、本来は自分も自然の一部なのだ。自分もまた自然の一部をなす生き物であるという意識は、儚い人間の世界よりも雄大でプリミティブな世界に属しているという感覚から、心に力を与える。「生き物としての力」とは、こうした意識の元に、鋭い感性や感覚をもち、困難を軽やかに超えていく力なのだ。

本書で紹介する体験が、生き物としての力を取り戻すきっかけとなり、読者が自分自身のなかに、野生をふたたび見いだせることを願っている。

*中沢新一（なかざわしんいち）
1950年、山梨県生まれ。思想家・人類学者。現在、明治大学 野生の科学研究所所長。東京大学大学院人文科学研究科博士過程満期退学。チベットで仏教を学び、帰国後、人類の思考全域を視野にいれた研究分野（精神の考古学）を構想・開拓する。著書に『チベットのモーツァルト』『森のバロック』『フィロソフィア・ヤポニカ』『アースダイバー』『カイエ・ソバージュ』シリーズ、『芸術人類学』など多数。近著に『虎山に入る』『熊を夢見る』（共に角川書店）、『熊楠の星の時間』『アースダイバー 東京の聖地』（共に講談社）がある。これまでの研究業績が評価され、2016年5月に第26回南方熊楠賞（人文の部）を受賞。

人生にとって大切なことは
すべて虫から学んだ

福岡伸一 ｜ 生物学者・青山学院大学 教授

PROFILE

1959年東京生まれ。京都大学卒。ベストセラー『生物と無生物のあいだ』『動的平衡』ほか、「生命とは何か」をわかりやすく解説した著書多数。ほかに『世界は分けてもわからない』『できそこないの男たち』『動的平衡2』『ルリボシカミキリの青』『フェルメール 光の王国』『せいめいのはなし』『福岡ハカセの本棚』『生命の逆襲』『動的平衡ダイアローグ』など。

　私の少年時代の愛読書に、児童文学「ドリトル先生」のシリーズがあった。物語中のドリトル先生は、生物のことなら何でも知っている博物学者。動物の言葉を解し、研究を進めるため世界中を旅する。さらには月にまで行ってしまう。イギリス紳士のドリトル先生はいつもシルクハットに燕尾服を着て、誰に対しても公平に振る舞う。ただ、あまりお金や実生活に頓着せず、どこか脱力系。そんなドリトル先生の物語に魅了された。

　ある日、貧しい少年トミー・スタビンズ君は、偶然、ドリトル先生と出会う。ドリトル先生の家に出入りしているうちに、自分もドリトル先生のような博物学者（ナチュラリスト）になりたい、と願う。そのとき、ドリトル先生の秘書役で、博覧強記のオウム・ポリネシアはこう答える。あなたは「よく気がつきますか？（Are you a good noticer ?）」と。学者になるためには、昨日、庭の木に来た二羽のムクドリが今日また来たとき、どちらがどちらか言えるくらいの観察眼

が必要だ、というのである。この言葉は、密かに研究者を目指していた私の心の隅に残った。

　私たちが子どもだった頃は昭和の中頃。当然のことながらまだネットも携帯もなかった。少年の興味はごく幼いころに分化するように思う。虫捕りや魚釣りの方向にいくか（ナチュラリスト系）。それとも鉄道やロボットの方向にいくか（メカニズム系）大きく二派に分かれていた。方向は違えど、そこには色とフォルムに対する飽くなきあこがれがある。色とフォルム。つまりデザイン。デザインとはメッセージである。自然が発するメッセージか、人の想像力が発するメッセージか。私は否応なく前者に感応した。

　虫を見つけるためには、よく気がつく必要がある。虫は保護色や擬態によって自然の中に身を隠している。じっとしていることが多く、動きも少ない。しかも自然は絶えず移ろっていく。そんな中で、自然の動きを知るには、観察者の方が動きを止める必要がある。

　たとえば、アゲハチョウの卵や幼虫を見つけるためには、まずアゲハチョウの食草を知る必要がある。アゲハチョウはミカンやサンショウの葉を食べて育つ。だから私はまず植物に詳しくなった。葉っぱに食べた跡がないかどうか、地上に新鮮な糞が落ちていないかどうか。視覚のセンサーがそんな手がかりをすばやく検出するような習性が身についてしまった。何かに気づくと、ロボコップのようにカメラがズームインして、あるレイヤーに自動的にフォーカスが定まる。

　アゲハチョウの卵はクリーム色の微小の真珠のような粒。そこから糸くずのような幼虫が生まれてくる。生まれたての幼虫はまず卵の殻を食べ、そして葉っぱを食べなから成長する。黒地の身体に白い点が入った模様をしている。これは鳥の糞に似せて身を守っているからだ、とされている。何回か脱皮すると緑色の幼虫になる。食欲は旺盛

でミカンの葉っぱをどんどん食べる。幼虫を飼育するため、外からどんどん葉っぱをとってこなければならない。私は近所のどこの生け垣にどんな葉っぱがあるか、ほとんど把握していた。

　幼虫は蛹になろうとすると、安全な場所を求めてあたりをうろつく。葉っぱから離れて行方不明になってしまうこともあるので注意が必要だ。私は段ボールで作った特別な箱を用意していた。幼虫はその中に立てた割り箸につかまってじっとして動かなくなる。細い糸をザイルのように身体に回して蛹になる準備をする。一枚、皮を脱ぐと優美な流線型をした蛹になる。そこから約二週間ばかり、最大の見せ場がやってくる。蛹から蝶が出て来る羽化シーンである。これを見逃さないため、私は徹夜も辞さなかった。しかし、そこは所詮は子どものこと。ついつい寝てしまい、朝起きると部屋のカーテン際にパタパタと蝶が舞っていることもあった。

　蛹の中で起きていることはいまだに最先端の科学でも完全には解明できていない。幼虫を構成していた細胞のほどんどが溶けて栄養分となり、残ったわずかな幹細胞から蝶の翅や身体が再構成される。明け方、蛹の背が縦に割れると、そこからくしゃくしゃの蝶が細い手脚を動かして必死に這い出てくる。蛹の殻につかまったまま翅が伸びていくのを待つ。翅のあいだを走る細い管（傘の骨のようなライン）に体液がみなぎってすっと翅が開いていく。アゲハチョウの翅はクリーム色の地に黒々とした凛凛しいラインが走っている。ワンポイントとして赤と青の輝点が散らばる。生命の営みの中で、こんなに劇的なメタモルフォーゼスもない。この前まででもこもこ這い回っていたイモムシが、優雅な蝶に変身する。イモムシと蝶だけを見せられたら、どんな宇宙人でもこれが同一の生命体だとは決して思わないだろう。私は、羽化した蝶が夏の空に飛び立つまでいつまでも見つめていた。

自然をじっと観察する。わずかな差に気がつく。調べる。探しにいく。見つからない。何回も通い詰める。うまくいかない。やり方を変えて繰り返し試してみる。思ったとおりにはならない。落胆が続く。自然はそんなに簡単には心を開いてはくれない。それでもときに自然は劇的な色やフォルムを垣間見せてくれる瞬間がある。大人になって研究者となった今でもまったく同じことをやっている。そうつくづく思う。人生にとって大切なことはすべて虫から学んだ。

不思議を知覚し、
発見する力を養うために

阿部雅世　｜　デザイナー・ベルリン国際応用科学大学 教授

PROFILE

1962年東京生まれ。デザインスタジオMasayoAve creation、SED.Lab所長。
90年より欧州を拠点に国際的なデザイン活動に従事し、近年は感覚体験を重視し
たデザイン研究や子どものためのデザイン教育プログラムづくりに力を入れてい
る。訳書にブルーノ・ムナーリの「かたちの不思議シリーズ（平凡社）」や「ムナー
リのデザイン教本シリーズ（トランスビュー社）」がある。
http://www.masayoavecreation.org

「事実が知識や知恵をのちに生み出す種であるならば、知覚から
生まれる感動はその種が育つための豊かな土壌である」

*If the facts are the seeds that later produce
knowledge and wisdom, then the emotions and
the impressions of the senses are the fertile soil in
which the seeds must grow.*

——————————— *Rachel Carson. (1956). Sense of Wonder.*
[邦訳：レイチェル・カーソン『センス・オブ・ワンダー』新潮社刊]

東京で育ち、ミラノ、ベルリンと、都市環境ばかりで暮らしてきた私に、半世紀を超えて「生き物としての力」を与え続けてくれている大自然は、コンクリートブロックの隙間を割ってたくましく芽を吹く小さな緑や、アスファルトの上に不思議な模様を描き続ける落ち葉のような、些細なものの中に存在する。それは、その中に地球のすべての不思議と永遠の美を秘めたミクロコスモスで、あらゆる偉大な科学者や人文学者が、生涯をかけても研究しつくせないほどの不思議を、その中に含んでいる。これは、都市に暮らす誰にも、等しく無償で提供される共有財産だ。

　しかし、あわただしいばかりの都市時間というのは恐ろしいもので、黙ってそれに流されていると、気がつけば花が咲いて散って、あっという間に葉っぱは落ちていて、そうこうしているうちに、目の前にある極上の自然の存在さえ、知覚できなくなってしまう。そして生きる力を与えてくれるような雄大な自然というのは、休暇を取って出かけていくような、遠いどこかにしか存在しないと思うようになり、少なくともうちのまわりにはそんなものはない、と断言するようになってしまう。

　それでも、都会の殺伐とした駐車場の片隅にさえ、その小さな大自然は、ひっそりと、実に確かに存在している。ただ、その美しい自然の片鱗は、目で風景をなぞるだけでは見えてこない。それを知覚し認識するための感性や直観力、想像力、そこにピタリと焦点をあわせるための発見力が必要である。

　そういう力は、自分の意志で維持できるものなのだろうか。鍛えられるものなのだろうか。

　デザインという仕事をいろんな角度から掘り下げるようになって30年、その教育に関わるようになってすでに17年がたつ。デザイン

教育の本然は、自らが生きる環境を、異分野を横断して総合的に理解すること、そして、その環境の質を、自らの感覚できちんと知覚し、判断する能力を持つことにあると思うのだが、どういうわけか、そのために絶対不可欠である、感覚や感性、想像力を活性化させるような演習はほとんどなされていなかった。

　新しい知識を貪欲に取り込んで、創造する力や発想の種を作る力を鍛えるための演習は、教育の中でも華やかに展開されているのに、レイチェル・カーソンがいうところのセンス・オブ・ワンダー「その種が育つ土を作る力」を鍛えることは、何かすっかり忘れられている。その穴をうめるような、新しい教育を作ることはできるだろうか。

　そんな想いを原点に、五感に「直感」を加えた感覚を総動員して、もののありかたや自分の生活環境を正しく認識する力を鍛えることを、大学の新しいデザイン教育の起点に据えようと奮闘したが、その中で確信したのは、これは、デザイナーという専門職を目指す人だけに必要な力ではなく、むしろ、現代社会の生活者である誰もが、生活を楽しむための力として、子どものころから等しく鍛えるべき力なのではないか、ということだった。

　そして、そう思うと、生活者のためのデザイン教育が存在しないことが、むしろ不思議に思えてきた。それから、そのためにできることはなんだろう、と考えるようになり、まずは、自分が、子どものころから無意識にやってきた、自然の不思議の発見あそびを、子どものためのデザイン教育プログラムとして構築してみよう、と思い立ったのが10年ほど前のことである。

　そして、ここ10年の間に、自然が作り出す最高のデザインを観察し、発見する目を鍛える演習、発見した不思議を並べてそこに物語を見つける演習、触れた感覚に名前をつけてみる演習、自然を「診る」

演習……そのような演習を「デザイン体操」というシリーズにして、ドイツ、イタリア、シンガポールなど、世界のさまざまな場所で、子どもたちや教育者のために実践してきた。

演習の第一体操ともいえる、もっともシンプルなデザイン体操「DESIGN GYMNASTICS ABC」は、感性をとぎすまして発見する力を鍛える演習。自然の造形の中に、美しいアルファベットや数字をひと揃い発見し、それを正方形のフレームの中に美しく納めるという遊びである。美しいアルファベットや数字は、公園の手入れされた緑の中にもあるし、駐車場の片隅の草むらの中にもある。花のつぼみの中にも、道に散らばる落ち葉の中にも、必ずある。虫眼鏡でのぞいて初めて見えるような、毛の生えた極小の数字もあり、ふと見上げた空に浮かぶ、一瞬の奇跡のような巨大なアルファベットもある。

その美しいアルファベットや数字は、必ずしも正面を向いて、目の前に現れるわけではなく、また、そのほとんどは、実に雑多な騒々しいものにまぎれて、ただ、そこにいる。そこにいて、発見されるのを待っている。これは、小さな子どもほど難なく取り組み、子どもにとっては、ただただ楽しく、時間を忘れて熱中する遊びであるのに、多くの大人にとっては、想像以上に難しく、もどかしさに冷や汗をかきつつ、うなりながらはじまることが少なくないという不思議な演習でもある。

『子どものころに培ったセンス・オブ・ワンダーは、後に体験することになるであろう「退屈」や「幻滅」に対する生涯有効な解毒剤となる』と、レイチェル・カーソンは、書いている。1956年初版のカーソンの本のページをめくると、美しい砂浜や森や草原の写真でいっぱいだ。でも、そんな風景とは縁のない都市の中でも、センス・オブ・ワンダーを培うことはできる。

MASAYO AVE / 021

「うちの幼稚園のまわりには、それはもうコンクリートのジャングルのようなところで、観察に値するような自然なんてないのです。何も見つからない」と、ワークショップの後に告白したシンガポールの幼稚園の先生は、それでも半年間、子どもたちと辛抱強くデザイン体操の演習を続けて、ある日突然覚醒した。家の前に、幼稚園までの通勤路に、幼稚園の入り口にさえ、どれだけたくさんの宝が散らばっているのか、突然見えるようになったと、泣きながら連絡してきたその先生は、今では、たぶんシンガポールで一番、子どもと同じ不思議が見え、発見の喜びを子どもと共有している先生である。

| 1 | 2 | 3 | 7 | 8 | 9 |
| 4 | 5 | 6 | 10 | 11 | 12 |

1. 春の勝利。力強い「V」を発見
2. 朝露を集める毛深い葉っぱが毎朝作る「M」を発見
3. ほんの一瞬の奇跡的な「6」を発見
4. 柏の葉っぱと、ポプラの葉っぱが出会って「！」を発見
5. 鳥の羽と柳の葉のコラボ。エレガントな「L」を発見
6. とんがったやつと、おだやかなやつが、異種コラボ「P」を発見
7. 天使の羽の飾りつき「J」を発見
8. 踏みつぶされたドングリは、いつも「N」を発見
9. 毛虫の完璧な仕事で描かれた「：(コロン)」を発見
10. 初霜のおりた朝、落ち葉の上に描かれた「Q」を発見
11. 凍れる柏の葉っぱの「B」を発見
12. 最後まで枝にしがみついていたタネ。雪の上に落ちて「Y」を発見

── Design Gymnastics A.B.C. collection © Masayo Ave 2009

感じる　feel

都市生活で鈍ってしまった五感。
ひとつひとつの感覚にフォーカスしたり、
意識的に感じ方を変えてみることで、
感じる力に野生を取り戻そう。

01 日本のロックバランシング「石花」で石を立ててみよう

石花ちとく　|　石花師　　　　　　　　　　　　体験した ☑ DATE:

　ロックバランシングとは、自然の岩や石を絶妙なバランスで積み上げるバランスアート。素材は石だけ、河原や海辺で、誰にでもできる純粋で素朴な外遊びです。「石花」とは、和を意識し、盆栽や生け花も連想させる日本のロックバランシングです。

　石花をはじめて見た人は「ありえない！」と驚かれますが、本当はとても簡単で、やってみた人だけがわかる喜びや快感があります。石が絶妙なバランスでピタリと静止した瞬間なんて、今までの概念が覆された衝撃と感動でゾクゾクしたりします。まずは、石ころをピタリと立たせる感動体験からはじめてみましょう。

TIME 　　準備するもの
石
日よけの帽子
汗や手を拭くタオル

STEP

LEVEL

STEP 1 場所を探す

石がたくさん転がっている場所を探します。石花は、石そのものの魅力が最大の動機づけになるので、できるだけたくさん石が転がっている河原や海辺に出かけることをおすすめします。

よい場所が見つかったら、石を立てる台座を選びます。やや高い位置にある、大きくて動かない岩や石があれば最適です。

石がたくさん転がっている河原

STEP 2 石を選ぶ

石をひとつ選びます。はじめは手のひらサイズがおすすめ。探すのは「コレ！」と目にとまった石。その石を手にした瞬間から、石花アートがはじまります。石をさまざまな角度から眺め、手触りを楽しみ、重さを感じ、石が映える一番かっこいい向きを探ります。

さまざまな角度から石を眺める

STEP 3 石を立てる

台座の上に石を立てていきます。できるだけ小さい点で、上に広がるように立てるのが、かっこよく見せるポイントです。はじめに、石を立てたい場所を指で触り、小さな穴や凹みを探ります。次に、見つけた凹みに両手でそっと石を置き、指先に伝わる重さや、石と石の当たり具合を手がかりに、少しずつ位置をずらしながら静止するまで根気強く調整します。それまでグラグラしていた石がピタリと静止したのを感じたら、そっと手を離します。

上：台座の凹みにそっと石を置く
中：石をずらして静止する位置を感じる
下：石が立った

上:台座と石の間に小さな石を挟む
中:石が静止する位置を感じる
下:「石提灯」の完成

STEP 4 石花をアレンジする

　石が立つ感覚を体感したら、石花の型「石提灯」に挑戦します。台座と立てた石の間に、もうひとつ小さな石を挟むことで、上の石が浮いているように見える型です。まず、先ほど立てた石を際立たせるような、小石を見つけます。ポイントは、石の色が被らないこと、明らかに上の石より小さいこと。

　小石を見つけたら、台座のどこに置くかを決めます。台座に小石を置き、その上を指で押さえ、そのまま指を前後左右に動かし、石がガタつかない場所を探ります。安定した場所を見つけたら、指で押さえていたところに、上の石を立てます。片方の手で小石を抑え、もう片方の手で上の石を乗せ、少しずつ位置をずらしながら静止する場所を探ります。石がピタリと静止したのを感じたら、そっと手を離します。

小石を投げて命中させて崩す

STEP 5 崩す

　戸外で楽しく立てた石は、崩して帰るのがルール。おすすめの崩し方は、小石を投げて命中させる「当てっこ」。周りに人がいないことを確認し、作品から少し離れたら、小石を投げて命中させます。複数人だと盛り上がる、撤収前の儀式のような石投げ遊びです。

まとめ　自然の岩や石を積み上げて、絶妙なバランスで作るアート。どんな石を選ぶのか、どう立てるのかによって、無限の可能性が広がります。繰り返し楽しむことで、自分の好みがわかり、感性も磨かれるはずです。また、ありえない角度で石が立った瞬間は、やってみた人だけがわかる「喜び」や「快感」が味わえます。

02 ネイチャーカラーパレットで自然の色を感じよう

小倉ひろみ | CMFプランナー

体験した ☐ DATE:

　ネイチャーカラーパレットとは、色という視点を通して自然への眼差しを豊かにするためのツールです。植物や大地、空など、生きて刻々と変化する自然の色を見つけ出して写真に撮り、それを虹の色の順番（パレット）に並べるという遊びをすることで、美しいと感じる色の法則を理解しましょう。
　カラーパレットを作るには、集めた写真から「1色に見える状態」を抜き出した写真を作成します。この作業を20色程度になるまで繰り返します。用意したパレットに合わせて色を合わせ、12色の色写真をレイアウト。すると「虹色の順番に並んだパレット」ができあがります。次に、それぞれの写真でできた12の色に自由に名前をつけて、楽しく個性あふれる「ネイチャーカラーパレット」を完成させましょう。

TIME　3 HOUR
STEP　6 STEPS
LEVEL　MEDIUM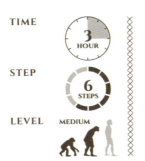

準備するもの
デジタルカメラ（または スマートフォン）
パレット（初級は12色相環と白・灰・黒の15ポジション）

CHAPTER 1　/　感じる　029

STEP 1 自然を撮影して色を集めよう

自然があるところへ出かけて、さまざまな美しい色を撮影します。虹の色を思い浮かべながら、20色ほど集めてみましょう。

STEP 2 カラーパレットを準備

カラーパレット用のファイルを用意します。「Googleスライド」というブラウザー上で利用できるアプリケーションを使って、画像のトリミングや、パレットの上に画像を置く作業をします（Google アカウントが必要）。以下URLからパレットとなるファイルをダウンロードします。

https://gogo.wildmind.jp/feed/howto/39

画面左上にある「ファイル」を選択し、表示されるメニューの中から「コピーを作成」を選ぶと、自分のGoogleドライブにファイルがコピーされます。または「ファイル」から「形式を指定してダウンロード」を選択し、自分のパソコンにファイルをダウンロードして自分が使いやすいと思うソフト（PowerPointなど）で使用するのもおすすめです。

左：左側に表示されたカラーパレットをクリック
右：スライドを自分のドライブへコピーする

さまざまな形式でダウンロードができる

STEP 3 撮影した画像をトリミング

2枚目の空白のページを選択し、集めてきた写真を2枚目のページにドラッグ&ドロップします。次に、撮影した画像で色を抽出したい部分をトリミングします。Googleスライドで画像をトリミングし、その画像を並べて整理してみましょう。

Googleスライド上で画像を選択し、メニューの「表示形式」→「画像」→「画像を切り抜く」でトリミングができます。パレット上に用意されている12色に近い色を、画像の中から探すようにし、切り取る時は、形より「色」の印象が強くなるようにトリミングしましょう。

撮った画像ファイルを開き、画像を切り抜く

Googleスライド上でトリミングする

トリミングした画像を並べて置く

STEP 4 画像をパレットに置いてみよう

トリミングした画像をコピー&ペーストでパレットに移動させます。

パレット上にあるどの色が画像の色に近いかを、マウスでドラッグさせながら探し、一番近い色の枠の中に当てはめます。

トリミングした画像をパレットに置き、類似色を選ぶ

STEP 5 すべての枠に色を当てはめよう

パレット上にある色のすべてに、集めた自然の色を当てはめてみましょう。

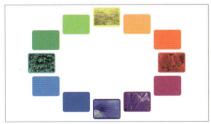
トリミングした画像を配置する

CHAPTER 1 / 感じる　031

色に名前をつけて完成！

STEP 6 「色の名前」をつけよう

　それぞれの色に写真の思い出を想起させる「色の名前」をつけて完成です。

　ここでは被写体にとらわれず、自由に色の名前をつけてみましょう。そうすることで、色をマスコット化します。親子や友達と一緒に考えると楽しいですよ。

　このカラーパレットができたら、次のステップとして80色を集めて鮮やかさ、淡い色などで色味を選別して作るカラーパレットにも挑戦してみましょう。

　このカラーパレットは、以下のURLからダウンロードできます。別のアプリケーションで使うファイルのダウンロードの手順もSTEP2と同様です。

https://gogo.wildmind.jp/feed/howto/38

まとめ

色は生きています。色という視点を持つことで、その美しさへの感動はもちろん、すべての生き物の状態や自然現象の状態、つまり命の強弱を感じ取ることができるようになり、自然への眼差しが豊かになります。一方、自然の色は身近にあって誰でも美しいと感じることができますが、美しく響き合うように色をハンドリングするのは意外と難しいものです。でも法則を覚えれば大丈夫。ポイントは「色は虹の順番に整理すると美しく見える」ことです。ネイチャーカラーパレット作りを繰り返すことで色を自在にハンドリングできるようになっていくでしょう。

80色のカラーパレット

03 高度1mから飛び込み、視線を解放 マイクロスカイダイビングに挑戦

岡村祐介 | エクスペリエンス デザイン ディレクター　　　　体験した ☐ DATE:

　あなたの身長から地面へ着陸して地上を探検する小さな冒険、それがマイクロスカイダイビング。マイクロスカイダイビングを通して自然を眺めると、見過ごしていたものに気づいたり、見えてくるものが変わったり、目線によって変化がたくさんあることに気がつきます。私たちの視線はとても習慣的で、自動化したものの見方をしているために見ているようで実は多くを見逃しているのです。マイクロスカイダイビングで、新しい世界を覗きに出かけましょう。

TIME　30 MIN
STEP　5 STEPS
LEVEL　EASY

準備するもの
ロープ（もしくは 枝や小石）
筆記用具
デジタルカメラ（または スマートフォン）

CHAPTER 1 ／ 感じる　033

STEP 1 探検エリアを設定しよう

草原や森、川原など、自然豊かな場所へ出かけましょう。マイクロスカイダイビングの探検は、一辺30cm程度の正方形の地面で行います。楽しい冒険になりそうな場所を見つけたら、ロープを使って一辺30cmずつ囲み、探検エリアを設定します。ロープがなくても、落ちている枝を使ったり、四方に石を置くだけでもOKです。はじめは草地がおすすめです。崖があるような危険な場所は避けましょう。

一辺30cmくらいの探検エリア

STEP 2 探検エリアを上空から観察しよう

探検エリアの真上に立って、四角の枠のなかをじっくり観察しましょう。右の写真の探検エリアには、落ち葉、ホトケノザ、タンポポ、ヘビイチゴの黄色い花、桜の花びらなどが見えます。スキャンするような感覚で見つけたものを全部紙にリストアップし、写真を撮って記録します。次はいよいよダイビング！ ただしマイクロスカイダイビングは飛び込みません。ゆっくりと高度を下げます。

上空からの眺め

STEP 3 高度を下げて観察しよう

膝立ちの高さまで、高度をゆっくりと下げます。STEP2と同じように、この高さで探検エリアを観察して見つけたものを新しいリストに書き出し、写真を撮って記録します。真上に立っていたときと、何か違いを見つけましたか？ 草花の起毛や小さな虫など、高度を少し変えるだけで、探検エリアの世界はだいぶ違って見えるはず。

膝立ちの高さからの眺め

地上の眺め

STEP 4 地上へむかってダイビング！

いよいよ着陸。寝転がって鼻が地面につく高さまで、高度をゆっくりと下げます。これまで同様に、探検エリアを観察して見つけたものをリストに書き出し、写真を撮って記録しましょう。その眺めはまるで小さなジャングルのよう？

小さな世界にハチが遊びにきた

STEP 5 地上をマイクロトレッキングしよう

地上へ着陸したら、細かく地上をマイクロトレッキングしてみましょう。自分がアリになった感覚で、探検エリアの中を寝転がった状態でいろいろな方向に動いてみましょう。小さな地形を発見したり、小さな日陰や日向を見つけたり、小さな生き物に出会えたり。

マイクロトレッキングを楽しむポイントは気長にゆっくり探検すること。昆虫が遊びにきたり、小さな世界のわずかな変化を目撃できます。

まとめ

高さごとに見つけたもののリストは驚くほど違います。マイクロスカイダイビングは、私たちは実は見ているようで見ていないことを気づかせ、習慣的な視線から私たちを解放します。よく見ることは、自然の中を生き抜くサバイバル術の大切な要素と言われます。そして、自然を眺めることは興味が尽きない遊びです。自然と触れ合う時、いつもと違う方法で見ることを少し意識するだけで、発見できるものや、新しい楽しみが広がっていくでしょう。

CHAPTER 1 / 感じる 035

04 森の中で「あかり」を楽しもう

村角千亜希 | 照明デザイナー　　　　　　　　体験した ☑ DATE:

　私たちの生活に必要不可欠なあかり。電気を使う生活に慣れた私たちにとって、スイッチを押せばいつでも明るくなるのが当たり前かもしれません。けれど、時には外に出て、人間が太古の昔から親しんできた美しく根源的な「自然の光」や「炎」「闇」を、あかりとともに楽しんでみるのはいかがでしょう。

　大きな空は、昼は明るく真っ青、夕方には刻々ときれいなピンクから紫色に変化し、やがて闇夜に包まれます。そしてキラッと輝く星や月を楽しむ時間が訪れます。森の中で、この美しい自然光の変化と、私たちが準備したわずかなあかりを一緒に楽しめたら、最高に幸せなことだと思いませんか？

　自然光が変化するこの美しい時間を楽しむためには、薄暮(はくぼ)の時間に合わせたあかりの段取りが大切です。ここでは、この段取りを紹介します。

TIME

STEP

LEVEL

準備するもの
ランタン …… 2〜3個
LEDイルミネーション（電池で点灯できるタイプなど）

036

STEP 1 「夕暮れ」 早めにあかりを準備する

明るいうちに、あかりの準備を整えます。

日の入り1時間前には、ランタン、LEDイルミネーションなど、用意したあかりの準備をスタートさせましょう。

そして焚き火は、遅くとも、日の入り20分前には火が起きている状態にします。

STEP 2 「日の入」 暮れゆく空を眺めて楽しむ

日の入りの時間はマジックアワーとも呼ばれる美しい時間帯。なかでも1日のうち空が最も美しいといわれる瞬間は「ブルーモーメント」と呼ばれています。日が暮れた後、空が真っ暗になる前の、ほんの少しの限られた時間ですが、空全体がブルーに染まり、昼間は見えなかったあかりの存在が浮かび上がってきます。ブルーの世界とあかりが美しく共演する貴重な時間です。

この瞬間はただゆっくりと、刻々と変わりゆく空と、焚き火やランプなどのあかりを眺めながら静かに過ごして、美しいあかりの世界に共鳴しましょう。日本は緯度の関係で、ブルーモーメントが短く、10〜20分程度です。だからこそ、ブルーモーメントがはじまる前にあかりの準備をすべて終わらせて、大切な時間はセットしたあかりと空の美しさをゆっくりと眺める時間にしたいですね。

1時間前にはあかりを準備

上：暗くなる前に火が灯っている状態に
下：空が最も美しい時間の瞬間をあかりとともに過ごす

CHAPTER 1 ／ 感じる　037

STEP 3 「夜」食事は小さなランタンで

　日が暮れてブルーモーメントも過ぎると、夜のはじまりです。夕方早めに灯していたあかりが、すっかり映えてきました。

　夜、自然の中での食事は、小さなランタンのあかりの下で楽しんでみましょう。

　外で灯すあかりは、室内のあかりと違ってなぜかドキドキ、ワクワクします。それはきっと自然の中では、ミニマルなあかりでも最大限の効果を得ているからだと思います。

　いつもの食事も、小さなあかりとともに眺めると、もっとワクワクするかもしれません。この時のあかりのポイントは、眩しすぎる光源（グレア）を上手くカットして、視環境を整えることです。眩しすぎる光は、明るさを弱めたり、ワインボトルなどモノの影に置くなどして、直接光源が見えない工夫をしてみると、快適に過ごすことができます。

STEP 4 「深夜」食後のひとときはあかりを消して闇を楽しむ

　食事も終わり、焚き火の炎も小さくなって来たら、静かに星空を眺める時間。

　すべての電気を消して、闇の中で輝く星空を静かに眺めてみましょう。目が闇に慣れるまで、10分近くかかるかもしれませんが、星の数がだんだん多く見えてくるでしょう。

まとめ

目が闇に慣れるのに時間がかかる効果を暗順応といいます。7〜10分程度かかると言われています。逆に暗い所から明るい所へ出た時に目が慣れる効果は明順応といいます。こちらは1分程度で慣れてしまいます。暗さに対して慣れるのに時間がかかるのです。暗さの中のあかりを楽しむことは"ゆったりした時間を楽しむ"ことにもつながります。闇に慣れていく時間を一緒に楽しむことも、ぜひ意識してみてください。

目が慣れると僅かな光を放つ星を見つけることができる

05 森と同化し、森の音を録ろう

川崎義博 | サウンドアーティスト・サウンドデザイナー　　　体験した ☑ DATE:＿＿＿＿＿

　森へ入る。静かにそっと。ゆっくりと落ち葉を踏みしめ、かすかな森の土の感触を確かめつつ。息を吸い込むと、森のさまざまな匂いが体に流れ込む。その場の空間を体で感じ、大きな木にもたれ、目を瞑り、この木の一部となって。何百年の音を聴く。そして、少しだけ音を録る。

　僕は森の音を録音し、作品を作ることが目的で森に入っていました。そのうち、森で体感すること自体が目的になると、録る音も変わりました。森から持ち帰るのは、森の記憶、森の時間であり空間です。一度森に入る具体的な目的を捨てて、森に入ってみましょう。森は生きています。その呼吸とあなたの呼吸を合わせる時、何かが伝わってきます。そして記憶として音を持ち帰ります。帰って録音した音を聴くと、森の空間が広がるでしょう。

TIME 1 HOUR

STEP 5 STEPS

LEVEL　EASY

準備するもの
簡単な記録装置（スマートフォン、録音機など）
森に入る服装（長袖、長ズボン）
帽子
靴（できればトレッキングシューズ類、長靴がよい）
手袋（軍手や日頃使っているものがあれば）
手ぬぐい・タオル類
水（夏など暑い時期）
虫除け（初夏から夏）

CHAPTER 1 / 感じる　039

STEP 1 森を選ぶ、森を知る

日本には、都会の森から山奥までさまざまな森がありますが、まずは身近な林や茂みと呼ばれる程度の場所からはじめてみてもよいでしょう。あらかじめ少しだけその森の成り立ちや生態系を、調べておくのがベストです。番組を作るロケでは歴史や文化だけでなく、地形や生態系など、いろいろな角度からその土地のことを調べます。もちろん、詳しい地図などない森もあります。大事なのは、そこに行ってからです。

日本に原生林はほとんど残っていません。あの屋久島でも2、3割でしょう。昔から人が入り、手をかけてきたのが日本の山や森です。その森が過ごして来た歴史（時間）も探ってみましょう。

上：日本の森（糺ノ森）
下：亜熱帯の森

音源は以下のURLでも聴くことができます
https://gogo.wildmind.jp/feed/howto/122

奄美の森1（音）　奄美の森2（音）

STEP 2 森に入る

森に入る時は散策路や林道など道ができている場所から入ります。ない場合は、よく見ると地元の人が入る小道（獣道）があります。森へ入る時は、森に向かって「こんにちは！」「やあ！　よろしく」など簡単な挨拶をしてみましょう。そうすることで、その森が少し身近になります。

まずは、ゆっくりと散策し、自分の体を森にならして行きます。特に何かを探さなくてもよいです。森の木々と同じ空気を吸ってください。

ゆっくりと歩きながら、木々を眺めたり、木の葉から漏れる光や、空の色を眺めたり。道を外れて落ち葉の上を歩けそうなら歩いてみましょう。そっとそっと。踏みしめた時の感触や音にそっと寄り添う感じで、歩いてみましょう。そうやって、少しずつ感覚を開いて行きます。

森へ入る道

森の中での光

さまざまな生き物と出会う

STEP 3 森と一緒になる

　落ち着ける場所を見つけたら、目を閉じ、ゆっくりと呼吸し、次第に耳を開いていきます。まず、5m範囲の音や、目立つ音があれば、それに意識を集中します。3〜5分程度したら、聴く音の範囲を50mほどに広げてみましょう。次は100m。繰り返しながら、範囲を徐々に広げます。都会の森では、交通音などの暗騒音が入ってきますが、構いません。音の範囲を広げて行くと、意識はその場所を超えて、地球の表面にある一定の空間へと広がるでしょう。さらにそれに連なる地球全体をイメージします。そして、「今自分はある一点にいる」という意識にも注目しましょう。もしかしたら、この過程で「音を聴く」という行為が消滅しているかもしれません。ただ、音の存在はわかるのですが。

STEP 4 少しだけ音を持ち帰る

　森の中で感覚を開けるようになったら、音を録音してみましょう。

　落ち着ける場所を見つけ、そこに録音機を置いて散策するのもよいです。座る横に置いてみてもよいでしょう。その場合自分の息や動作も録音されるので、少し離れた所に置くとよいでしょう。そのように何気なく録音の対象が明確ではない状況で、森の空間を録音してみてください。実は音には、時間と空間が必要で、逆に言えば録音された物には時間と空間が含まれています。

CHAPTER 1 ／ 感じる　041

STEP 5 音を持ち帰り聴いてみる

　さて、森から帰ったら、リラックスできる状態で、録音した音を聴いてみましょう。目を閉じても、部屋を暗くしてもよいです。できるだけ視覚的な要素を減らした状態で聴いてみてください。何が聴こえてくるでしょう？　何が見えてくるでしょう？　何を感じるでしょうか？

　時間を置いて、別の日にやってみるのも楽しいかもしれません。自分が親しんだ森の空間を、少しだけ自分の側に置いておくのもなかなかよいものです。

　何年か経って、久々に聴く森の音も貴重です。さまざまな記憶が甦ります。森の音をアーカイブしておくのもよいでしょう。

　森に落ちていた1枚の木の葉、小さな枝など、ポケットに入る物を持ち帰って、取り出して触れたり、香りに触れながら森の音を聴いてみるのもよいでしょう。

　家に居て森を楽しむ、森に親しむ。一度やってみてください。

持ち帰った音から記憶が蘇る

まとめ

耳を開くという行為は、ほかの感覚も開いていく行為につながります。森のさまざまな事象、森の時間や空間を、森の一部となって感じる。努力して感じようとするのではなく、目を閉じ、ゆっくり呼吸し、漠然と音を聴いているうちにきっとわかるようになります。何度か日にちを変えてやるうちに、森に入ると感覚が開いていくことがわかるでしょう。

06 自然の音に歌詞をつけよう

駒崎 掲　｜　デザイナー・サウンドデザイナー　　　　　　　　体験した ☑ DATE:

　音に言葉をつける「作詞家」になってみませんか？　耳にはイヤホン、手にはスマートフォンを、そして画面に視線を落とす、そういう状況が増えてきました。たまには五感を裸にして自然なままの自然な音を感じてみましょう。耳は生まれたときから活動し続けている器官のひとつ。目のように耳は閉じることはできないので常に音を聞き続けている状態になっています。いつもすべての音を聞いていては疲れてしまうので、勝手に聴覚は制限をしています。そのため聞こえているはずなのに意識しないと聞こえない音はたくさんあります。

　普段、制限して使っている耳を自然の中で解放し、聞こえてくる音に「歌詞」をつけて、それを共有する方法を紹介します。

TIME　1 HOUR

STEP　4 STEPS

LEVEL　EASY

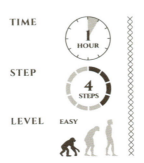

準備するもの
メモ帳（硬いカバーのものが屋外ではおすすめ）
筆記用具

CHAPTER 1　/　感じる　043

STEP 1 森や山など自然に入って音を探してみよう

一番いろんな音がよく聞こえるところを探します。人の行き来の少ないところは鳥や虫がたくさん鳴いています。また日の出の明るくなりはじめた頃は、お腹を空かせた鳥たちがよく鳴いています。日が出てきてからは鳴かない鳥もたくさんいます。ただし鳥や虫は人に気づくとすぐ逃げてしまうので、なるべく静かに気をつけて音に近づきましょう。

音にとらわれて危険な場所に入ったり、足元を見ないで歩かないように注意しましょう。

すぐに森や山に行けない人は、右のQRコードから音源を聞いてみてください。この音源は青森県の白神山地で初夏の早朝に録音した雨の音源。キビタキやアオバトの鳴き声や、木をくちばしで叩くドラミングの音などたくさんの鳥たちの音を楽しむことができます。谷の下にある池のほとりで録音したので音が反響し、まるでリバーブやエコー等のエフェクトをかけているように感じられます。

音源は以下のURLでも聴くことができます。
https://gogo.wildmind.jp/feed/howto/37

STEP 2 静かに耳をすましてみよう

葉のこすれる音、鳥のさえずり、虫の声、服のすれる音など、静かにして音に集中するといかにたくさんの音に囲まれているか気づかされます。手でお椀の形を作り耳にあてると集音効果が上がり、少し音が聞きやすくなります。また立ち位置を変えず体を左右にひねって音を聞いてみると、音がどこから鳴っているかわかりやすくなります。

STEP 3 歌詞をつけてみよう！

聞こえた音に言葉をあててみましょう。自然の音に感化されてポエムを書く、というわけではありません。カタカナひらがなアルファベットなんでも構いません。聞こえてきた音に自由にオリジナルな「歌詞」をつけましょう。たとえば、「ちぃゆるぅぴぃーていっていっちっち」とか自分なりに言葉にしてみると、音に輪郭がつきます。いわゆるオノマトペ（擬音語や擬態語）です。

STEP 4 歌詞を共有してみよう

言葉にした音を自分以外の誰かと共有してみましょう。自分は「こんな風に聞こえた！」と見せ合いっこすると、人それぞれまったく違う表現だったりします。また書いた文字の大きさも比べてみると、その人にとっての音の存在感もわかるかもしれません。

まとめ　自然の中に身を置くことで音に改めて集中すると、聴覚を通して自然を感じ、生き物や自然の音を再発見することができます。また言葉にしてみるとさまざまな「聞こえかた」をしていることを知ります。音を注意深く聞くことで自然や生き物により関心が高まるのではないでしょうか。

CHAPTER 1　/　感じる　045

07 オノマトルーペを使って自然のテクスチャーを楽しもう

小倉ひろみ | CMFプランナー　　　　　　　　　体験した ☑ DATE:

　自然の物音、見え方などを象徴的に言語化するのがオノマトペ（擬態語）。オノマトペは日本語が特に得意な分野です。このオノマトペを軸に自然観察をしてみましょう。遊び方は簡単。いつもより視点をズームインして、自然物の表層を撮影します。不思議なテクスチャーや想像以上の凹凸など、表層を撮った写真が集まったら、用意されたテンプレートを使って、自分なりの「オノマトペ」をつけてみましょう。楽しむポイントは「ガサガサ」や「つるつる」などの一般的なオノマトペではなく、自分が発見した時の第一印象。触ったときの温度や触感も思い出しながら、その感動をうまく表す言葉を考えてみましょう。これだ！　と思うひとつのオノマトペを見つけ出してみましょう。

TIME 　　準備するもの
STEP 　　オノマトルーペのテンプレート
LEVEL 　カッター
　　　　　　　　　定規
　　　　　　　　　A4用紙（白）
　　　　　　　　　デジタルカメラ（または スマートフォン）
　　　　　　　　　鉛筆・サインペン

STEP 1 テンプレートをプリントする

「オノマトルーペ」テンプレートを右下のQRコードか、以下のURLからダウンロードし、A4用紙（白）で出力します。
https://www.oreilly.co.jp/books/9784873118420/

　枠線にそって切り抜いて「窓」を作ります。すべての窓を切り抜いたら、4つに折って、オノマトルーペの完成です。

STEP 2 外に出て、自然の表層を探してみる

　外に出て、木の幹や岩肌など、その表面に注目して観察し、面白い表層（テクスチャー）を探します。

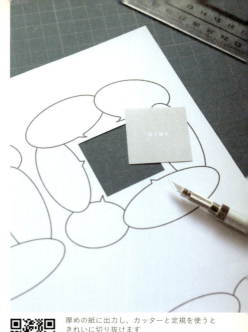

厚めの紙に出力し、カッターと定規を使うときれいに切り抜けます

STEP 3 オリジナルの オノマトペを考えよう

　面白い表層を見つけたら、その表層をどんなオノマトペで表現できるか、考えてみましょう。考えがまとまったら、枠の周囲にある吹き出しに記入します。最初は思いついたものをどんどん書いてみて、その中からベストなオノマトペを選んでみましょう。自分が一番いいと思うものだけでなく、誰かと一緒に選んで、皆がこれだと思うオノマトペを選ぶのも面白いでしょう。

オノマトペは、同じ言葉を2回繰り返すようにすると考えやすい。たとえば、4文字＝ケロケロ、6文字＝どんぶどんぶ、8文字＝ぎゅるんぎゅるん、など

STEP 4 撮影する

　見つけた表層にオリジナルのオノマトペを書き入れたオノマトルーペをあてて、撮影します。片手にオノマトルーペ、片手にスマートフォンを持っての撮影は意外と難しいので、2人で行うとよいでしょう。

まとめ

オノマトルーペは、自然から受けた感動を独自の言葉にすることで、観察することに自分自身がもっと繊細になるメソッドのようなもの。ほかの人により強い印象をもって伝えられるようになることで、新たな自然への眼差しを生み出すきっかけとなるでしょう。

08 自然の中の歩き心地を感じ ハプティックスケープを描こう

岡崎太祐／仲谷正史　｜　慶應義塾大学 環境情報学部、SFC TOUCH LAB　体験した☐　DATE:

　自然の中に入ると、風景に目を奪われるだけでなく、身体や足でもいろいろな心地を感じ取ります。身体で得たそうした体験を、私たちはHapticScape（ハプティックスケープ）と呼んでいます。ここでは、自然から得られる主観的な触感「歩き心地」を、HapticScapeとして視覚的に表現します。手順は大きく分けて3つ。第一に、自然の中に足を運び「歩き心地」を確かめます。その体験をハッチング（線画によるテクスチャー）で表現し、記録します。第二に、歩いた自然の中で、特に印象に残った場所の風景をスケッチします。最後に、はじめに記録したハッチングを、スケッチに描き込みます。触感に気を配って「歩き心地」を視覚化し、主観的な感覚を眺めてみましょう。

TIME　3 HOUR
STEP　5 STEPS
LEVEL　MEDIUM

準備するもの
色鉛筆、鉛筆、ペンなど
A4用紙（ハッチングパレットを印刷するため）
画板

CHAPTER 1　／　感じる　049

STEP 1 ハッチングパレットを準備する

写真左下にあるQRコード、または下のURLから「ハッチングパレット」をダウンロードし、A4用紙に印刷します。用紙は、上半分がスケッチをするエリア、下半分がハッチングを記録するエリアです。大きなエリアが欲しい場合は、拡大してA3用紙に印刷するか、画用紙に線を引くなどして作成しても構いません。印刷した用紙は画板に挟み、色鉛筆（またはペン）を用意します。

https://www.oreilly.co.jp/books/9784873118420/

印刷したハッチングパレット

STEP 2 気になる触感を五感で見つける

自然の中に入り、いろいろと歩きまわり「歩き心地」をゆっくりと確かめます。目に見えたものに思わず心を奪われるかもしれませんが、足元にもたくさんの自然が隠れています。踏み心地や、その時に聞こえてくる音、匂いなどにも気を配り、どんな触感のハッチングが描けるかを考え、探索します。

波打ち際で靴が水に吸いつく感じ

STEP 3 ハッチングを描く

ひとしきり探索したら、気になった触感を線画によるテクスチャーで表現し、ハッチングパレットに記録します。見た目をまねるだけでなく、身体で感じた印象も表現します。凸凹（デコボコ）、粗さ滑らかさ、乾湿、温冷など、代表される触感に注目すると、表現のアイデアが出やすくなります。集めたハッチングは、自分なりの名前をつけます。

ハッチングパレットに感触を表現する

STEP 4 風景の下絵をスケッチする

用紙の上半分のエリアに、特に印象に残った場所の風景を下絵としてスケッチします。うまくなくても大丈夫。どんなところが気になったのか、触感が変わっていたところに気を配りながら、絵を描きます。

風景の下絵をスケッチする

STEP 5 下絵にハッチングで塗り絵をする

スケッチした風景の下絵に、その風景を歩いた触感を思い出しながら、集めたハッチングで塗り絵をしていきます。

下絵にハッチングを描き終えたら完成です。もし仲間と一緒に作業していたら、どんな風景になったのか、お互いに見せ合いましょう。同じ風景を描いても、集めたハッチングによって、印象が違っているかもしれません。その差異を楽しみながら、どんなところに注目したのか、ハッチングの名前も尋ねながら話し合ってみましょう。

上：ハッチングでカラフルに塗られていく下絵
下：仲間と互いのハッチングの違いを話し合う

まとめ

身体や足で感じる「歩き心地」のように、普段あまり気持ちを向けない触感に意識を向け言語化したり視覚化したりすることは、自然の中に潜むささやかな彩りへの気づきにつながります。また自分の身体の感覚を通した理解は、私たちが都会の生活でともすれば忘れている「自然の中で生きている／生かされている」といった実感をもたらします。

CHAPTER 1 / 感じる 051

09 自然の匂いを抽出して香水を作ろう

上田麻希 | 嗅覚のアーティスト

体験した ☑ DATE:

　自然界には匂いがあふれています。花や葉っぱなど自然素材の匂いをチンキ法で抽出して、ほのかな香りが楽しめる香水を作ってみましょう。チンキ法とは、アルコールに浸して香りを移す古来より人類が用いてきた原始的な匂いの抽出法。ここではアルコールの代わりにウォッカを使います。

　自然素材以外にも、たとえば台所にあるレモンの匂いを抽出すればレモン香水となり、魚料理にシュッとひとふきするのも楽しい食卓の演出。ペットの匂いが染みついたぬいぐるみを素材にすれば、ペットの匂いが抽出できます。いろいろな素材で試して、常識を覆すマイ香水を作ってみましょう。

TIME 24 HOUR

STEP 7 STEPS

LEVEL HARD

準備するもの

ハサミ・軍手・ストックバック Sサイズ
花や葉っぱ、木の枝などの自然素材 …… 適量
ナイフ、石、乳鉢など素材を細かくする道具
ウォッカ（フレーバーがついてないもの）…… 適量
IH調理器（または 電気コンロ）
鍋と温度計
香料試験紙（細長く切った画用紙でも可）
漏斗（ろうと）
コーヒーフィルターとサイズが合うコップ
香水を保存するボトルとラベル

STEP 1 自然の匂いをたくさん嗅ごう

公園など自然豊かな場所に出かけます。空気を吸って、その環境の匂いを深く嗅いでみましょう。葉っぱは揉んで匂いを確かめ、花は分解してどこに匂いがあるか確かめましょう。木の樹脂は爪で引っかいてこすると摩擦熱で匂いがします。

匂いをきちんと嗅ぐには、適切な温度（20℃前後）と湿度（60〜70％前後）が必要。寒い冬は、手のひらで鼻の周りを囲って暖かい空間を作りましょう。

花のどの部分に匂いがあるか確かめよう

STEP 2 素材を採集しよう

チンキ法は、湖水や沼水など液体からの匂いは抽出できないので、固体か半固体の素材を採集しましょう。

採集量の目安は、花、葉っぱ、枯れ葉などボリュームが多い素材は、ストックバックの袋いっぱい。土、木の枝、木の実、虫の抜け殻など水分をあまり含まない素材は、ストックバックの袋半分くらいです。軍手をしてハサミなどを使って採集しましょう。

白い花はたいていよい香りがします。針葉樹も涼しげな香りがするのでおすすめ。虫の抜け殻からは動物的な匂いを抽出できます。朽ちた葉っぱや木の幹に張りついた苔からは、温もりのある森の匂いを抽出できます。抽出後に匂いの性質が変わるものもあります。木の樹脂、木の実などは、抽出することで匂いが出てきます。小石など通常の状態で匂いがない素材からは抽出できません。

花や葉っぱはストックバックの袋いっぱいを目安に

土や木の実はストックバックの袋半分を目安に

STEP 3 素材を細かくし、ウォッカを注ぐ

採集した素材を、ナイフやハサミ、石や乳鉢などを使い、粉状・粒状になるよう細かくしましょう。土やスパイスなどもともと粒子状の素材はそのままの状態で、柑橘類は皮に匂いがあることが多いので皮のみ使います。

素材を細かくしたら再度ストックバックに入れてウォッカを注ぎます。素材の表面を濡らして少し余る程度が適量。たとえると魚の漬け程度の液量です。ウォッカの量が多いと匂いが薄くなり、少ないと素材が無駄になります。さじ加減が難しいところですが、濃度は濃い方がよいのでウォッカは少量を心がけ、もし足りなければ後々のステップで足しましょう。ストックバックは、できるだけ空気を抜いてからジッパーを閉めます。

素材をできるだけ細かくする

適量のウォッカを注ぐ

STEP 4 液体に匂いを移す

鍋に水を入れ、IH調理器（もしくは電気コンロ）で温めます。湯の温度が70℃を保つよう常に温度計でモニターし、STEP3のストックバックを約1時間湯煎します。ここでガスコンロは絶対に使いません。ウォッカが引火する恐れがありとても危険です。

柑橘類や針葉樹などスーとする匂いの素材、ミントや草のような匂いのハーブ類は、香りの分子が小さく軽いため、湯煎すると熱で壊れます。手で優しく袋を揉み約1時間かけ常温（体温の36℃）で抽出。白い花は、湯煎と手揉みで違う香りが抽出できます。

1時間経ったら匂いの濃度をチェックしましょう。香料試験紙の先を液体に入れ、10秒待ってアルコール分を揮発させてから匂いを嗅ぎます。十分匂いがしたら次のステップへ。匂いがしない場合は抽出時間を延長します。

手で優しく袋をもんで抽出

温度をモニターしながら湯煎

STEP 5 フィルタリングしよう

ウォッカで濡らしたコーヒーフィルターを漏斗にセットし、受けのコップを用意します。コーヒーを入れる要領で液体をフィルタリングしましょう。ストックバックの底のどちらか端3cmくらいを斜めにカットして液体を流し込みます。コップが倒れないよう注意してください。熱いので軍手をして火傷に気をつけましょう。

フィルタリングは根気のいる作業。数時間から一晩かかることもあるので、時間に仕事をさせましょう。目詰まりを起こしている（なかなか容量が減らない）場合も、一晩放っておけば終わります。時間を短縮させたい場合のみ、箸でやさしく液体をかき混ぜます。ストックバックの中身を絞り出すと濁りの原因に。重力に任せて自然に滴り落ちるのを待ちましょう。

下端をカットして流し込む

自然に滴り落ちるのを待つ

STEP 6 瓶に移して完成

コップに落ちた液体を、漏斗で瓶に移します。漏斗がない場合は、箸などで液体を伝わせましょう。記録として、①素材名 ②採集した場所 ③日付 ④名前を、ラベルに記入し瓶に貼ります。

色とりどりの香水

瓶に移して、ラベルを貼って完成！

STEP 7 時間の経過で変化する香りを楽しもう

　香料試験紙の先を液に0.5〜1cmほど浸し、10秒乾かして、アルコール分を揮発させてから匂いを嗅ぎます。直接匂いを嗅ぐのはやめましょう。

　匂いは時間とともに常に変化します。1分後、5分後、10分後、30分後、1時間後、時間をおいて嗅ぎ比べて香りの変化を楽しんでみましょう。抽出直後はアルコール臭を強く感じますが3日ほど経つと落ち着きます。1週間後くらいがちょうどよい頃合いです。紫外線を避け冷蔵庫で保管し、1ヶ月以内を目安に使用しましょう。

まとめ

　私たちは目には見えない匂いを、物質と一緒に「モノ」として理解しています。一方で、液体化した匂いを、「モノ」から分離し、文脈なしに嗅ぐと推測が難しくなります。匂いを物質から切り離し、嗅覚を状況や文脈から切り離した時、新しい体験が生まれます。子どもには匂いの良し悪し、好き嫌いがありません。幼少期に多くの匂いを嗅ぐと、豊かな匂いのデータベースが脳の中で成長し、鋭い嗅覚の土台ができます。

CHAPTER 1 / 感じる 057

explore 2

見つける

知っているようで知らない、
ちょっとマニアックで興味深い、
謎に包まれた生き物や植物、自然物。
その不思議に迫る冒険へ出かけよう。

10 空飛ぶざぶとん ムササビを目撃しよう

小野比呂志 | ホールアース自然学校 理事

体験した ☑ DATE:

　出会うのがむずかしく謎に包まれた生き物、ムササビ。昔は、人の顔に取り憑いて窒息死させるなんていう恐ろしい噂が広まったほどでした。そんなムササビ、実は意外と身近なところに住んでいます。
　ムササビが残した痕跡（フィールドサイン）を手がかりに、近くの森や神社を探検しましょう。うまくいけば、ざぶとんのように手足の膜を広げ、夜空を滑空するムササビに出会えます！
　ムササビがいれば、きっと彼らが残した痕跡が残っているはず。ムササビが生きている証拠を見つけられるかどうかは、あなたの腕次第。ムササビの居場所を探す探偵気分で、夜の冒険に出かけましょう。

TIME 2 HOUR

STEP 5 STEPS

LEVEL MEDIUM

準備するもの
双眼鏡
足元を照らすライト
赤いセロファンを貼ったライト

STEP 1 大きな木がある森や神社へ行こう

　ムササビは、大きな樹木にできる、うろ（樹洞）と呼ばれる穴で過ごします。夜行性なので、昼間はうろで眠り、夜になると活動を開始します。なので、大きな木があるところにムササビがいる可能性は高くなります。木の種類は、スギやヒノキだと痕跡を見つけやすいでしょう。

STEP 2 木の皮に残された痕跡を探そう

　ムササビ探しの手がかりは大きく分けて3つあります。まずは木の皮。
　ムササビは、木の皮を剥いで巣へ持ち帰り、ふかふかの寝床を作る習性があります。人間の手では届かない、高いところの木の皮が剥がれていないかよく調べましょう。また、ムササビは木を駆け登って滑空します。右の下の写真のような、ムササビが駆け登った痕跡を木の皮に発見できたら、ムササビが住んでいる可能性はぐんと高まります。

上：木の皮を剥いだ痕跡
下：駆け登った痕跡

STEP 3 食べ物の痕跡を探そう

　次は食べ物の痕跡。手が器用なムササビは、両手で葉っぱを律儀に折りたたんで食べます。つまり、ムササビが森に残すのは、食べ跡が左右対称だったり、真ん中が空いたりした葉っぱ。そんな葉っぱが落ちていないか、探しながら森を歩きましょう。

食べ跡が左右対称になった葉っぱ

CHAPTER 2　／　見つける　061

STEP 4 フンの痕跡を探そう

最後は、生きている限りどんな生き物もする……フン！ ムササビは、写真のような小さな丸い粒のフンをします。探すポイントは木の根元あたり。とても小さくて見つけづらいので、木道や参道など人工物の上を探すとよいでしょう。

昼間のうちにムササビの痕跡を探し、まわりの安全も確認しておきましょう。

ムササビのフン

STEP 5 夜がきたら観察へ！

いよいよ夜の冒険。ムササビは日没30分後から活動をはじめます。はじめはライトを使わずに、神経を集中して目と耳でムササビを探しましょう。木の枝先が揺れた音や、ムササビが動いたときに出るバサッという音がしたら、その場所をよく観察しましょう。

ムササビの存在を確信したら、赤いセロファンを貼ったライトを当てます。ムササビにとって赤い光はあまり眩しくないと言われます。運がよいと、夜空を滑空するムササビを目撃できるかもしれません！

まとめ

身近に暮らす生き物たちの痕跡（フィールドサイン）を探す冒険に出かけると、彼らの知られざる暮らしや、不思議な行動が見えてきます。同時に、私たち人間が知らず知らずのうちに、彼らの生活にさまざまな影響を与えていることも見えてきます。身近に暮らす生き物たちの、人間とは大きく異なる生きざまに目を向けてみましょう。

ムササビ発見！（撮影：熊谷さとし氏）

11 大潮の夜 真夜中の磯を探検しよう

藤原祥弘　|　エディター・ライター　　　　　　　　　　　体験した　DATE:

　古くから私たちの生活に密接に関わってきた潮の干満。なかでも特に大きく潮が動く「大潮」は満月と新月のタイミングで月に2回起こります。普段は海のなかに没している岩場や浜があらわになる大潮の干潮時は、磯遊びの絶好の機会。春から夏の大潮に、潮干狩りに出かけたことがある人も多いのではないでしょうか。ところが、冬の間に潮干狩りに出かけることはありません。その理由は、「夏の大潮の干潮は昼に大きく下がり、冬の大潮の干潮は夜に大きく下がる」から。冬場は、皆が寝静まっている夜の間に大きく潮が下がっているのです。月に2回ある大潮のうち、月明かりのない新月の大潮は、浅瀬で眠る魚たちを観察する絶好の機会。新月の真夜中に、磯の生き物を見に行ってみませんか？

TIME　2 HOUR
STEP　5 STEPS
LEVEL　MEDIUM

準備するもの
ヘッドライト
バケツ
タモ
濡れてもよいスニーカー
替えの靴下や着替え
グローブ

CHAPTER 2　/　見つける　063

STEP 1 タイドグラフを手に入れる

潮の干満は釣具店などで売られている「潮見表」や「タイドグラフ」から知ることができます。近くに釣具店がなくても、これらの言葉で検索をかければ、自宅から近い港の潮汐のデータをネットから知ることができます。また、タイドグラフと一体になったカレンダーを使っていれば、普段のスケジュールのなかで月の満ち欠けや潮の干満を感じることができます。大潮の日にちは全国で変わりませんが、潮汐のタイミングは場所ごとに異なります。出かける前に調べておきましょう。

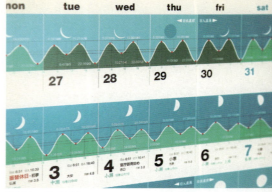

潮汐カレンダーも便利

STEP 2 海へ出かける

生き物の観察に適しているのは、浅い岩棚が広がっている場所。砂浜よりも岩場のほうが隠れ家が多いので、たくさんの生き物が潜んでいます。

訪れる時間帯は最干潮の前後がベスト。潮が下がりきる前のほうが水面が波立たず、また生き物の動きも緩慢です。そのため、最干潮の1時間ほど前に海へ行き、下がっていく潮に合わせて沖側へ進んでゆくのがおすすめです。

上げ潮にかかると思いのほか早い勢いで潮位が上がるので、早めに岸に戻りましょう。

※潮干狩りの盛んな地域などでは、法で禁じられていなくても夜間の立ち入りが慣習で規制されている場合があります。

上：最干潮の2時間前の様子
下：最干潮時。普段は海の底も海面から顔を出す

STEP 3 生き物を探す

潮が下がるにつれ、生き物たちは水が残った潮溜まりや一番水深が深い澪筋（海の中で流れがある溝のこと）と呼ばれる箇所に集まってきます。どーんと丸見えで浮かんでいるもの、砂に半身を埋めているもの、岩かげに隠れているものなど干潮時の過ごし方はさまざま。ライトで照らしながらいろんな場所を覗いてみましょう。

また、「隠れ身の術」が得意な種類の生き物もたくさんいます。視界には入っているのに気づけないこともあるので、パッと見て何も見つけられなくても「何かいるかもしれない」という気持ちで見てみましょう。何もいないと思った場所から思わぬ生き物を見つけられるはずです。

上：カサゴ
下：クロアナゴ

STEP 4 生き物を捕まえる

生き物を捕まえる時はタモの二刀流で。前後にタモを入れ挟み撃ちにして捕まえましょう。頭側にあるタモはなるべく動かさず、尾側にあるタモを少しずつ動かしてプレッシャーをかけ、頭側のタモに追い込むのが採集のコツ。

狭い岩棚やゴロタの岩場では、タモ1本に木の棒の組み合わせがよいこともあります。出かける場所に応じて使い分けましょう。

浅瀬でよく見られる生き物のなかには、ハオコゼやゴンズイといったヒレに毒を持つ魚もいます。種類がわからないときは注意して触りましょう。また、生き物によっては、漁業調整規則などで遊漁者の採集が禁じられている場合もあります。採集にあたっては地域のルールを調べてください。

上：タモで挟んで追いやる
下：タモに入ったら捕獲完了！

CHAPTER 2 / 見つける　065

STEP 5 生き物を見つける目を養う

左右対称のものを探してみよう

　岩陰に隠れるもの、岩と同じ模様になるもの、砂に隠れるもの、種類ごとに生き物の隠れ方は異なりますが、どんなに上手に隠れても生き物が逃れられないのが「左右対称」の法則。正面・上面から見ると、ほとんどの生き物は体が左右対称になっています。

　ですから、隠れている生き物を探す時は「左右対称のもの」を常に意識します。右上の写真にも「左右対称」が隠れています。見つけられるでしょうか？

　左右対称が見つけられるようになったら今度は上級編。ライトを当てたときの「光の反射」に注意してみましょう。光を当てたときに、岩や砂はフラットな反射の仕方をしますが、生き物の体は内側から光り輝くような反射の仕方をします。体の側面の一部しか見えていないときにも使える技なので、ぜひ意識して身につけてください。

　右の魚の写真を見ると、内側からボワっと光っているように見えないでしょうか（このような見え方をするのは、おそらく体表面を透過した光が体のなかから跳ね返っているからではないかと私は考えています）。

上：魚に光を当てた時の様子（メジナ）
下：タカノハダイ

まとめ

月あかりがあれば夜であっても魚は活動しますが、あかりのない新月は物陰でじっとしていることが多くなります。数あるフィールドのなかでも、潮が下がったあとの浅瀬は生物の種類数と量の面から見てとても豊かな場所。誰もいない真夜中の海で、たくさんの生き物に囲まれるのは特別な体験です。

12 青く輝く神秘 ウミホタルを観察しよう

花嶋桃子　｜　南房総市大房岬自然の家 運営スタッフ

体験した ☐ DATE:

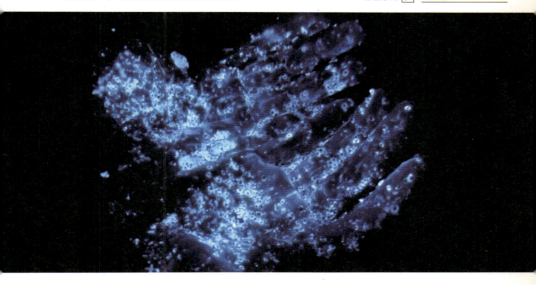

　夜に光を放つ、海の生き物「ウミホタル」を採取してみましょう。ウミホタルとは、体長3mm程度の透明で硬い殻と関節をもつ節足動物で、カイミジンコの仲間。日本では、太平洋沿岸で「キレイ・海底が砂地・周りが暗い」という条件がそろった海に多く生息しています。ウミホタルは通常、日中は海底で生息していますが、夜になると活発に海中で捕食活動をします。仲間に危険を知らせるためや求愛行動のため、体から酵素を出し、青白く光ります。そんなウミホタルを、自分で採集して観察してみましょう。

TIME 3 HOUR

STEP 4 STEPS

LEVEL MEDIUM

準備するもの
無色透明の蓋つきの空きビン
エサ（魚の切り身、内臓、スルメイカなど）…… 適量
PPロープ …… 1束
テープ（ガムテープやセロハンテープなど）
ハサミ
キリ
ヘッドライト
紐つきのバケツ
目の細かいタモ網

CHAPTER 2　/　見つける　067

STEP 1 捕獲ビンを作成する

事前にウミホタルを採集する透明の空きビンとその蓋を用意し、キリやハサミなどを使って5〜6個の穴を蓋に開けておきます。その際、穴はビンに入れたエサを小魚に取られないよう、3〜5mm程度がベスト。ビンにはPPロープを結び、ロープがビンから抜けないよう、テープでしっかりと固定しておきます。ロープの長さは現地でビンを下ろして適切な長さがわかったらカットするとよいでしょう。

PPロープとビンはしっかりと結んでおこう

STEP 2 捕獲ビンをセッティングする

ウミホタルが活動的になるのは、日が暮れて暗くなってから。ビンを入れるタイミングは日暮れ後、30分〜1時間くらいがベストです。必ず日没の時間を確認しておきましょう。捕獲ビンに入れるエサは、魚の切り身など匂いがあるもの。エサを入れて蓋をしたら、取りつけたロープを使ってゆっくりとビンを海底まで下ろしましょう。手すりなどにロープを結んで、固定すればOK。日が暮れたら、ビンを引き上げます。採集したウミホタルを観察しやすいように、そして観察が終わったらウミホタルを海へ返せるように、紐つきのバケツで海水を汲み取り、準備しておきます。

暗くなる前にセッティングしよう

STEP 3 ビンを引き上げる

ビンを入れてから15～20分くらい経ったら、ビンが割れないように、ゆっくりと引き上げます。ビンに海水が入っているので落ちないように注意しましょう。

ヘッドライトがあると両手が空いて作業しやすい

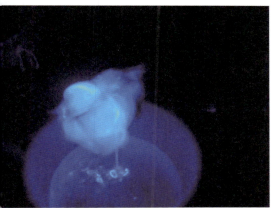

STEP 4 ウミホタルを光らせてみよう

ビンの蓋をしたまま、海水の入ったバケツの中に入れてみましょう。この時、ヘッドライトのあかりをウミホタルに向けると弱ってしまうので、直接向けないように注意（ビンの中に入った海水とウミホタルだけ蓋の穴から出てきます）。

ウミホタルが地面に落ちないようにタモ網ですくってみましょう。タモ網に入ったウミホタルを優しく触ると刺激が与えられたことでウミホタルが興奮し、青く光ることが確認できるでしょう。観察したら、ウミホタルは必ず海へ返してあげましょう。

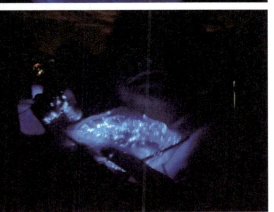

上：やさしく触れただけでも青白く光る
下：生き物の放つ光とは思えないほどの輝き

まとめ

青く輝くウミホタル。その光はとても美しく、私たちに感動を与えてくれます。そんなウミホタルはきれいな海にしか棲むことができません。ウミホタルの光を楽しむとともに、きれいな海を守っていくために私たちにできることは何か考えてみましょう。

CHAPTER 2 ／ 見つける

13 世にもかわいい毒きのこを探しに行こう

新井文彦 | きのこ写真家

体験した ☑ DATE:

　多くの人が、きのこ＝食べ物、と認識しているのではないかと思います。もし、野外できのこを見つけても、気になるのは、食べられるか、食べられないか（毒があるか）。毒きのこなんか踏み潰してしまえ！　と思っている人もいるかもしれません。そこで、少しだけ考え方を変えて、食べられる、食べられない関係なしに、きのこを自然の中で生きるひとつの生物として観察してみませんか？　じっくり観察すると、きのこは、色も、形も、大きさも、発生する場所も、実に多種多様。美しかったり、かわいらしかったり、ときに気持ち悪かったりもしますが、興味深く、魅力的な生き物です。人を殺すほどの猛毒を持つきのこでも、自然の造形美が細部まで宿っています。いろいろな毒きのこを探しに出かけましょう。

TIME

STEP

LEVEL

準備するもの
ルーペ（できれば10倍程度）
デジタルカメラ（または スマートフォン）
手袋
手鏡

070

STEP 1 そもそも、きのことは？

地球上の生物は、動物や植物など、いろいろな種に分類されていますが、きのこは菌類です。菌類は、簡単に言うなら、体の基本構造が糸のような菌糸でできていて、胞子で増える生物。植物の近縁と思われがちですが、どちらかと言えば動物に近い存在です。菌類には、カビ、きのこ、酵母が属していますが、カビときのこに生物的な違いはほぼありません。目に見える大きさの子実体（胞子を作って放出する器官＝私たちが「きのこ」と呼んでいるもの）を作るのがきのこ、子実体が目に見えないほど小さいのがカビです。日本では少なくても5,000種のきのこが生息していると言われており、正式な和名が付けられているものは約3,000種ほどあります。

STEP 2 なぜ毒を持っている？

もし人が毒きのこを誤って食べてしまった場合、腹痛や下痢や嘔吐など胃腸系の中毒を起こしたり、精神錯乱状態になるなど神経系の症状が出たり、時には命を失うことさえあります。毒きのこがなぜ毒を持っているのかは、まだはっきりとは解明されていませんが、長い進化の過程できのこがたまたま獲得した物質が、人間にとっては毒だった、と考えることはできます。人間が食べると中毒を起こしてしまう毒きのこを、リスなどの哺乳類や昆虫が食べているシーンに遭遇することは珍しくありません。きのこの同定はプロの研究者でも難しいので、知らないきのこは絶対に食べないようにしましょう。

上：猛毒のシャグマアミガサタケ
下：日本最強と言われる猛毒を持つドクツルタケ

STEP 3 いつ発生するの？

きのこは秋に発生するというイメージを持つ人が多いかもしれませんが、実は1年中発生しています。種類によって発生する時期が異なり、間隔を開けて年に数回発生するきのこも珍しくありません。サルノコシカケの仲間のように、多年生で、年々大きく育つタイプのきのこもいます。

CHAPTER 2 / 見つける 071

STEP 4 どこで発生するの？

きのこは植物ではないので光合成ができません。したがって動物と同じく生きるための栄養を外部から得る必要があります。きのこは、その栄養の取り方で、腐生菌（枯木や落葉や動物の糞など、生物の死体や排泄物から養分を吸収）、共生菌＝菌根菌（菌根という器官を通じて植物の根とつながり、お互いに必要な栄養のやり取りをする）、寄生菌（生木や昆虫やきのこなど、生きた生物に取り付いて一方的に栄養を得る）の3つに分けることができ、きのこの種類によって好みの「食べ物」が違います。共生菌（菌根菌）は地面から発生しますが、自然の植物の多くがきのこなど菌類と互いに栄養のやり取りをする菌根関係にあるとのデータもあります。

上：立木から発生したニガクリタケ
下：古い木製の机から発生したヒナノヒガサ

STEP 5 毒きのこを探しに行こう

自宅や学校の庭、街路樹、神社仏閣、公園など、木がたくさん生えている場所へ出かけて、枯木や倒木や落葉など、きのこの「好物」を意識して探しましょう。初心者がきのこの種類を同定するのはとても難しいので、すべてのきのこを毒きのことみなし、食べることは考えず、ひたすら観察して楽しみましょう。手鏡があると、地面に生えた小さなきのこでも採取せずに傘の裏側を見ることができますし、環境や各パーツの写真を撮影しておくと、名前を調べる時に役立ちます。

きのこの「視線」に合わせて撮影

まとめ 人を殺すほどの猛毒を持っているきのこでも、観察だけなら安心して楽しめます。きのこを生き物として観察することは、今まで知らなかった自然の営みに触れることでもあり、新しい発見がたくさんあるはずです。

14 空飛ぶアメーバ
粘菌を探しに行こう

新井文彦　|　きのこ写真家　　　　　　　　　　　　　　体験した ☐ DATE:＿＿＿＿＿＿

　ねんきん、という言葉を聞いて、多くの人が思い浮かべるのは、国民年金、厚生年金の「年金」ではないかと思います。生き物の「粘菌」を思い浮かべる人は、かなりの少数派に違いありません。博物学者、民俗学者、生物学者などとして知られる明治時代の知の巨人・南方熊楠が、生涯にわたって研究に没頭していたのが粘菌でした。また、北海道大学の中垣俊之教授らが、あのイグ・ノーベル賞を2度も受賞したのも粘菌の研究です。粘菌には、原生粘菌、真正粘菌、細胞性粘菌とありますが、ここでは、主に真正粘菌のことを、粘菌と呼ぶことにします。昨今、粘菌の本が次々に発行されたり、テレビで特集されたりと、粘菌の知名度も急上昇しています。粘菌の基本的知識を知って、粘菌を探しに出かけましょう。

TIME　3 HOUR
STEP　6 STEPS
LEVEL　MEDIUM

準備するもの
- ルーペ（できれば10倍程度）
- デジタルカメラ（または スマートフォン）
- 手袋
- 手鏡
- ライト（懐中電灯など）

CHAPTER 2　/　見つける　　073

STEP 1 粘菌（変形菌）とは？

粘菌は「菌」という名前が付いていますが、菌類ではなく、アメーバ動物の仲間です。単細胞生物ながら、肉眼で見えるほど大きく成長します。その一生で大きく姿が変化することから、別名を変形菌と言います。アメーバのように動き回る動物的な状態から、きのこのように子実体をつくり、胞子で増えるという不思議な生態を持ち、世界で900種以上、日本で500種以上いるとされています。

黄色の粘菌は変形体から子実体に変化中

STEP 2 変化の連続の一生

粘菌は、アメーバ動物でありながら、きのこやコケと同じく胞子で子孫を残します。きのこのような形の子実体から、風によって飛ばされた胞子が、条件ピッタリの場所に着地すると、中から1匹のアメーバが生まれます（粘菌アメーバ）。これが「空飛ぶアメーバ」と言われるゆえんです。0.01mmほどの大きさの粘菌アメーバは、バクテリアなど微生物を食べて分裂を繰り返し、どんどん増殖。異なる性と出会うと、くっついてひとつになり（接合体）、さらに大きく成長します。単細胞生物なので細胞はひとつのままですが、核だけが分裂を繰り返し、やがて肉眼でも確認できるほど巨大化。まるでおもちゃのスライムのような姿をした、ぬるぬるねばねばの変形体へと成長します。十分に成熟したとき、あるいは、環境が悪化したり、餌がなくなったりすると、変形体は、休眠状態になるか、明るく乾燥した場所に這い出て子実体を形成します。子実体で形成された胞子が乾燥すると、外皮が破れ、世界に向けて胞子が放たれます。すべての粘菌に「〜ホコリ」と言う名前が付けられているゆえんです。

上：スライム状の変形体がつぶつぶに変化
下：胞子がしっかり乾燥した子実体

STEP 3 実は複雑な、単細胞生物

粘菌の変形体の外観は、細い管が網目状に伸びていて、その上を透明なゼリーが覆っている感じ。管の色は、白、黄色、赤など種類によってさまざまです。変形体は、時速1cmくらいの速度で移動しつつ、スライム状の体に微生物などをどんどん取り込みます。粘菌は多核単細胞生物なので、細胞はひとつですが、核は分裂を繰り返して膨大な数になります。一般的に、単細胞生物は高度な情報処理能力を持たないと思われていますが、粘菌は、自己と他者を区別するし、餌を求めて移動するし、餌の好き嫌いもあります。実は複雑な、単細胞生物！

上：左から右方向へ進む変形体
下：変形体の管内の流動を顕微鏡で観察

STEP 4 美しい子実体

変形体は、胞子を作るとき、明るく乾いたところに這い出し、少しでも高い場所へ這い上がって子実体を形成します。粘菌の子実体を形成しているのは変形体の分泌物。条件さえ整えば、腐ることなく長期間にわたって胞子を放出します。粘菌の子実体は、種類によって驚くほど色や形や大きさが異なり、見ていて飽きることがありません。特に、変形体から形成されたばかりの未熟な子実体の鮮やかで艶めいた美しさときたら、もう……。

1. 子実体の形状「単子嚢（しのう）体」
2. 子実体の形状「屈曲子嚢体」
3. 子実体の形状「擬着合子嚢体」
4. 子実体の形状「着合子嚢体」
5. 原生粘菌タマツノホコリの子実体

STEP 5 粘菌に出会える季節

本州であれば、変形体を探すならじめじめした梅雨時、子実体を探すならからっとした梅雨の晴れ間、あるいは梅雨明けくらいがおすすめ。東北や北海道など寒冷な地域では、主に針葉樹林で、秋に第2の発生ピークがあるとか。粘菌が好む気候は種類によってまちまちで、雪の下で変形体が活動していて、春の雪解けと同時に子実体を形成する、好雪性粘菌、と言われている種類もあります。子実体は条件が良ければ長期にわたって存在するので、冬でも見つけることが可能です。

林の中の落枝から発生（好雪性粘菌）

広葉樹の倒木から発生

STEP 6 粘菌を探しに行こう

粘菌は、食料になる微生物がいて、適切な温度と湿度があれば、どこでも生息することができます。土壌中の原生生物の多くはアメーバ生物で、粘菌類はその過半数を占めているとか。私たちが探すのは肉眼で観察可能な、変形体か子実体。林や森など樹木が多い場所が狙い目ですが、街中の公園や庭園で見つかる可能性も十分あります。虫かごのおがくずや水槽の水際から、変形体が発生したという例も多くあるようです。粘菌は小さいので、腰を落ち着けてひとつの場所をじっくり探しましょう。もし古びた倒木があれば要チェックです。探すのも観察するのもルーペと手鏡が威力を発揮します。

落ち葉の上を移動する変形体

広葉樹の生きた立木から発生

まとめ

いろいろな粘菌の、いろいろな状態をしっかり見る。そして、粘菌を見ながら、粘菌のことを考えたり、自然のことや、自分のことを考えたり……。実際に野外で粘菌を見つけた時の感動は格別です。あの南方熊楠を虜にした粘菌の観察は、科学であり哲学であると言えるかもしれません。

15 不思議な生物 地衣類を探しに行こう

新井文彦 ｜ きのこ写真家　　　　　　　　　　　体験した ☐ DATE:

　系統がまったく異なる菌類と植物が共生して、ひとつの生物として生きている地衣類。そんな不思議な生き物が、身近でも観察できることをご存知ですか？　実は、多くの人が、知らないうちに、きっと目にしているはず。地衣類の生息域は、極地や高山から熱帯雨林、砂漠、都市部にいたるまでとても広範囲です。ちなみに、狩野永徳「檜図」と、尾形光琳「紅白梅図」、有名な２つの国宝絵画にも地衣類がはっきりと描かれています。地衣類は、多年生で、大きさは数mmから数mのものまでさまざま。日本で約1,800種、世界では約３万種が知られています。ここでは、そんな不思議な生物、地衣類について知り、観察に出かけます。

TIME　3 HOUR

STEP　5 STEPS

LEVEL　EASY

準備するもの
ルーペ（できれば10倍程度）
デジタルカメラ（または スマートフォン）
手袋

CHAPTER 2　／　見つける　　077

STEP 1 地衣類とは？

地衣類は、菌類と植物（藻類、シアノバクテリアなど）の共生体。顕微鏡で断面を観察すると、菌糸と藻の細胞で構成されていることがわかります。「〜コケ」という名前が多く付けられていますが（全体の約7割）、コケ植物とはまったく別の生物です。生殖細胞が胞子なのは両種共通ですが、基本的にコケは明るい緑色、地衣類はやや灰色がかった緑色、橙色、黄色、黒など多様な色をしています。地衣類を構成する菌類は、共生する藻類に安定した生活の場や水や無機物を与え、藻類は菌類に光合成で作った栄養を与えます。地衣類として共生する菌と藻類は分類群によって決まっており、分類的には、きのこと同じ菌類です。

上：名前はアカツメゴケだけど地衣類
下：コケの間から立ち上がる地衣類

STEP 2 いろいろな形の地衣類

地衣類が作る体・地衣体は、その外見から、葉状地衣類、樹枝状地衣類、固着地衣類に分けられます（現在の分類体系を完全に反映するものではありません）。地衣類の種を同定するには、地衣体の表面の色や構造、生殖器官、付属器官などを、時に顕微鏡を使って、詳しく調べる必要があります。まずはじめは、見た目の面白さや美しさを心ゆくまで楽しみましょう。

1. 葉状地衣類
2. 樹枝状地衣類
3. 倒木に林立した数種の樹枝状地衣類
4. 山頂の岩に密着した数種の固着地衣類
5. トドマツの樹皮を覆う固着地衣類

STEP 3 子器、あれこれ

　地衣類の繁殖は、子器（胞子を作る器官で、きのこのようなもの）で作られた共生菌の胞子が、飛んでいった先で、藻類の新たなパートナーを見つけて、新しい地衣体になる方法と、胚や種子を経由せず、根や葉など、いわゆる栄養器官から次の世代が繁殖していく方法（栄養繁殖）の、大きく2つがあります。地衣類の栄養繁殖器官（無性生殖器官）は、指や珊瑚のような形をした裂芽、地衣体の表面に形成される粉状や顆粒状の粉芽などがあり、菌類と藻類が最初からセットになっているので、水や風によって地衣体から分離されたあと、新しい環境で地衣体に成長していきます。

上：先端に子器がついた樹枝状地衣類
下：ベージュ色のツブツブに胞子が詰まっている

STEP 4 地衣類を探しに行こう

　いざ、野外へ出かけましょう。地衣類は、生物が生きるにはかなり厳しい、南極や北極などの極地や高山から、熱帯雨林、砂漠、都市部でも生息しています。樹木の表面、土、岩石、コンクリートなど、いろいろな基物をじっくり探せば、身近な場所でもきっと地衣類が見つかるはずです。ただし、地衣類は分類的には菌類ですが、光合成をするので、室内や洞窟の奥など、基本的に光が差し込まない場所では生きていくことができません。また、年間の成長が3mm以下なので、動きがあるもの、たとえば、河原の石の上なども生息には適していません。ほかにも、竹の表面、水中、雪や氷の上もNGです。

上：渓流脇の樹木に数種の地衣類が発生
下：橋の欄干の2種の地衣類

CHAPTER 2 ／ 見つける　079

STEP 5 拡大して観察しよう

　地衣類を見つけた場合、肉眼でもその造形や色の美しさを楽しむことができますが、10倍程度の拡大倍率のルーペで観察すると、子器の構造や粉芽もばっちり見え、今まで知らなかったミクロの世界を体験することができます。そして、そのルーペを、スマートフォンやデジタルカメラのレンズに密着させて撮影すると、思った以上に迫力ある拡大写真を撮影することができます。

固着地衣類の子器をルーペで拡大して観察

まとめ

地衣類は極地から都会まで、いたるところに生息しており、地球上の陸地の約6％を覆っているという説があるほどです。一方、ありふれた生き物ながら、生物的系統がまったく異なる2つの生物が共生して、ひとつの生物として生きているという生態は、不思議に満ちています。そんな魅力的な生き物を、ごく身近で観察できるなんて、好奇心を刺激されませんか？　地衣類ウォッチングに出かけて、新しい世界を知れば、人生が豊かになること間違いなしです。

16 腹ぺこイモムシを見つけよう

川邊 透 | 虫系ナチュラリスト

体験した ☑ DATE:

　虫たちは鳥などの天敵から身を守るため、必死に工夫を凝らしながら暮らしています。一見、何もいないように思える公園の木々にも、実は、たくさんの虫たちが暮らしています。ここでは、そんな虫たちの中でも、かわいらしくて隠れるのが上手なイモムシ（チョウやガ、ハバチなどの幼虫）を探しに出かけます。

　イモムシが好みそうな木を選び、残している手がかりを見つけ、宝探しをするつもりで根気よく探せば必ず見つかります。うまくイモムシが見つかったら、その見事なデザインや顔つきの面白さを観察しましょう。繰り返し探しに出かけることで、イモムシの好みや癖がわかるようになり、「あっ、この辺にいるかも？」と感じられるようになるはずです。

TIME 1 HOUR

STEP 5 STEPS

LEVEL EASY

準備するもの
ルーペ（または 虫メガネ）
デジタルカメラ（または スマートフォン）
ノート
鉛筆

CHAPTER 2　/　見つける　081

STEP 1 イモムシが集まる木を覚える

食べて育つのが仕事のイモムシ。「食べ物」がある場所を探せば見つかる可能性は高くなります。樹木図鑑やインターネットで、イモムシが好む木を探します。最もたくさんのイモムシが集まるのは、コナラやクヌギ、クリです。サクラ、カエデ、エノキ、ミカンなどにも集まります。木の特徴や葉っぱの形を調べて覚えましょう。

多くのイモムシが好むコナラの木

STEP 2 身近な自然へ出かけ、木を探す

たくさん木が生えていそうな身近な自然へ出かけ、覚えた木を探します。美しく整備された公園より、ところどころにやぶが残っているような、ちょっとワイルドな公園のほうが、イモムシの好む木がたくさん見つかります。木に名札がついていると、目当ての木を探しやすくなります。

STEP 3 手がかりを探す

イモムシの好む木が見つかったら、いよいよ探索開始です。いきなりイモムシを探しても構いませんが、うまく隠れているつもりのイモムシたちが、どうしても残してしまう手がかりがあるので、それを利用するのが効率的です。その手がかりとは、葉っぱの食べ跡と、毎日たくさん出してしまうフン。

まだあまり変色していない新しい食べ跡や、しっとり湿った新鮮なフンが見つかったら、まず間違いなく近くにイモムシが潜んでいます。

上：怪しい食べ跡のあるクリの葉
下：葉に落とされた大きなフン

STEP 4 上手に隠れているイモムシを見つける

イモムシは、食べ跡から少し離れた場所で休んでいたり、フンを出すときに遠くに飛ばしたりするので、手がかりが見つかったら、その周辺をじっくり探します。葉や幹に擬態しているイモムシも多いので、だまされないようにしましょう。また、毛虫や、棘がたくさん生えたイモムシは、毒を持っていることがあるので、見つけても触らないように注意しましょう。

枝に紛れるモンクロギンシャチホコの幼虫

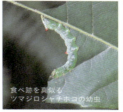
食べ跡を真似るツマジロシャチホコの幼虫

きれいだけど毒棘のあるイラガの幼虫

STEP 5 見つけたイモムシをじっくり観察する

イモムシが見つかったら、ルーペや虫メガネで観察します。見つかってしまったイモムシは、身を守るために頭をすぼめることが多いので、葉っぱを折り曲げて顔を見せてもらいましょう。このようにいじっていると、多くのイモムシは、空腹に我慢できず、葉っぱを食べはじめます。いったん食事をはじめると警戒心が薄れ、もりもり食べる様子を観察できます。写真を撮ったり、スケッチをして記録し、図鑑やインターネットで種類を調べてみましょう。種類がわかれば、成虫の姿を知ることもできます。

葉を折り曲げて顔を観察

頭をすぼめるゴマダラチョウの幼虫

食欲旺盛なヤママユの幼虫

まとめ

イモムシの好みを知り、その特徴や癖から見つけやすい手がかりを知ることで、身近に潜むイモムシたちを探し出す目や感覚を養うことができます。また、この方法を応用することで、ほかの虫たちも見つけられるようになり、楽しさが広がるはずです。

CHAPTER 2 / 見つける 083

17 太古に生まれた天然石を見つけよう

柴山元彦 | 自然環境研究オフィス代表・理学博士　　　　　体験した ☑ DATE:_____

　水晶、翡翠、ガーネット……。憧れの天然石は、近くの河原や海辺でも見つけられるのを知っていますか？　特に日本は、石の種類が豊富で「石の標本箱」とも言われており、世界で約4,500種あるとされる鉱物のほぼ半分以上が見つかっています。これらは、おおよそ何億年も前に、自然によって作り出されたもので、長い年月を経て削り出され、私たちにも比較的アクセスしやすい河原や海辺に流れ着きます。天然石を手にすることは、いわば地球の成り立ちに触れるきっかけになります。ここでは、比較的どこでも見つけやすい「水晶」を例に、天然石を探しに行きます。河原や海辺の石は、意識を向けなければただの石ですが、見方を変えると宝物にもなります。自分だけの宝物を探しに行きましょう。

TIME 2 HOUR

STEP 4 STEPS

LEVEL EASY

準備するもの
ルーペ（10〜15倍くらい）
ハンマー
簡易ゴーグル
軍手
デジタルカメラ（またはスマートフォン）
ビニール袋

STEP 1 どんな天然石が見つかるの？

天然石は、河原や砂利の海辺で探すのがおすすめ。河原や海辺には、たくさんの石が転がっているところが多くあります。それは、日本の川が急流で浸食作用が激しく、流域の石を削り出して運搬し、河原や海辺に流れ着いているからです。おかげで日本は、石の観察環境に恵まれています。特に、川が大きく曲がっている内側は、石が転がっていることが多く、石の大きさは上流ほど大きく、下流に行くほど小さくなります。

写真に並べている天然石は、すべて実際に日本の河原や海辺で拾ったものです。種類によって色や形が異なり、なかにはガラスのように透き通ったものもあります。

日本の河原や海辺で拾った石
1. 水晶
2. ガーネット
3. 鉄電気石（てつでんきせき）
4. 翡翠（ひすい）
5. 菱（りょう）マンガン鉱
6. 大理石
7. 白雲母（しろうんも）
8. 瑪瑙（めのう）
9. 黄鉄鉱（おうてっこう）
10. ジャスパー
11. 玉髄（ぎょくずい）
12. 薬石（やくせき）

STEP 2 目的地を決める

川や海のそばであれば、どこでも河原や砂利浜に降りられそうな気がしますが、実際に降りられる場所を見つけるのは大変です。現地へ出かけてから探すとなると、時間もかかってしまいます。あらかじめ石の転がっていそうな河原や海辺を、インターネットや紙の地図などで下調べし、おおよその目的地を決めておきます。

地図で河原が広がっている場所を確認
※地図画像 出典：国土地理院

CHAPTER 2 ／ 見つける 085

STEP 3 目的の天然石を決めて探す

河原や海辺へ出かけ、天然石を探します。たくさんある石の中からやみくもに探しても、見つけるのはひと苦労。そこで、まずは目的の天然石を決めて探します。ここでは、比較的見つけやすい天然石「水晶」を探します。水晶は「石英」という鉱物で、石英の外形が六角形の柱状の結晶になったものです。水晶を見つけるには、まず河原に落ちている石の中から、白い色の石英を見つけ出し、そのくぼみなどに結晶が含まれていないかを探します。

白い色の石英を見つける

見つけた石英

くぼみに結晶のようなものが！

STEP 4 拡大して観察する

石英のくぼみで見つけた結晶を、さらにルーペで拡大します。結晶が柱状であれば、水晶の可能性が高いです。ルーペをうまく使うコツは、まず前を向き、目の前にルーペを持ってきます。次に、石をルーペの前に近づけていき、ピントがあったところで観察します。また、ルーペを、スマートフォンやデジタルカメラのレンズに密着させて撮影すると、拡大した写真が撮れ、観察することもできます。結晶が見つからなくても、石英をハンマーで砕いてみると、中に水晶が見つかることもあります。石を砕くときは、怪我をしないように軍手とゴーグルをつけましょう。

ルーペで石英のくぼみを観察する

スマートフォンとルーペで撮影

くぼみの中に見つかった結晶

拡大

まとめ　地球ができた46億年前から、さまざまな変化によって生まれてきた天然石。きっと、あなたが見つける天然石も、そんな長い歴史があるはずです。自分だけの宝物を見つけて、地球の成り立ちに想いを馳せてみましょう。

18 ビーチコーミングで浜辺の宝物を集めよう

大重美幸 | テクニカルライター　　体験した ☑ DATE:

　貝殻をはじめ、石ころ、流木、おもちゃ、陶器片、漁具など、海岸にはさまざまな漂着物が届きます。ビーチコーミングは、そんな漂着物を拾い集め、浜辺での時間をちょっと豊かにしてくれる手軽な遊びです。一度きりではなく、何度も浜辺に通うことでビーチコーミングの楽しみは膨らみます。夏の海にしか出かけないという人が多いですが、ビーチコーミングは1年を通して楽しめます。何となく拾って帰った物でも、集めていくうちに季節の変化を感じたり、自分の好みに気づかされることも。浜辺の漂着物を自分基準の「素敵ものさし」で拾って歩いてみましょう。

TIME　1 HOUR

STEP　6 STEPS

LEVEL　EASY

準備するもの
拾った物を入れる容器（固形ガムの容器など）
水切りザル（直径15cm程度）
分類・保管するための透明ケース
ビーチサンダル

CHAPTER 2 / 見つける　087

STEP 1 浜辺に届く漂着物

浜辺には、いろいろなものが打ち上がりますが、大きく分けて「自然物」と「人工物」の2種類があります。代表的な自然物は、貝殻やサンゴ。色や形、サイズもそうですが、その種類も本当にたくさんあります。ほかには、流木や、角の丸くなった石や軽石、動物がかじった跡のある木の実や種があります。

人工物には、ガラスの破片が砂で摩耗して角が取れて、表面が磨りガラスのようになったシーグラスや、陶器の破片、おもちゃ、ビンなど。なかには、外国語の文字が書いてあるものまで。どのように流れてきたか、想像するだけでも楽しくなります。

上4点：自然物
下4点：人工物

STEP 2 浜辺に出る

どこの海岸でも何かしら拾えますが、ビーチコーミングをするなら外洋に面している砂浜がおすすめです。出かける時間帯は、満潮だと浜が狭いので、潮が引いて満ちはじめたころを狙うのがベスト。満潮干潮の時間は、インターネットで「潮見表」などで検索すると見つかります。狙い目は、流木なら台風が去った後、貝は季節の変わり目に多く上がります。また、荒い波よりも静かに寄せる波のほうが多く上がります。

持ち物は、拾った物を入れる容器が必要です。おすすめは、直径15cm程度のザルや、ポケットサイズのプラスチック容器など。適度に小さな容器にしておくのも「素敵なもの」を集めるノウハウのひとつです。

上：潮が引いた広い海岸
下：水切りザルとプラスチック容器

STEP 3 波打ち際に沿って歩き、少し内側の砂浜を戻る

はじめに浜の端まで行き、波打ち際に沿って歩きます。漂着物は同じところに集まるので、何か見つけたらまわりもよく探します。また、波打ち際には、アカクラゲ、カツオノエボシといった毒性の強いクラゲや、危険なものも打ち上げられます。いきなり素手で触らず、まずは棒などで危険がないかチェックしましょう。

浜辺の端まで歩いたら、折り返して内側の砂浜もチェックします。砂浜には流木などがラインになっているので、それを探しながら戻ります。

STEP 4 勝ち抜きオーディション

いろいろ落ちていると何を拾えばいいか迷います。そこで「勝ち抜きオーディション」。最初は気軽に目についたものを拾います。次に「これもいいな」というものがあったら、2つを比べて気に入った方を残します。これを繰り返すことで、お気に入りが手元に残ります。

上：波打ち際で気になるものをチェック
左：アカクラゲ
右：カツオノエボシ

流木で勝ち抜きオーディション

石で勝ち抜きオーディション

STEP 5 漂着物をきれいにする

漂着物は、ザルに入れて水に半日ぐらいさらしておきます。こうしておくことで塩が抜け、砂もきれいに落とせます。肉がついている貝は、酵素系漂白剤に漬けておくと取りやすくなります。塩抜きができたら、ザルを水から上げて日陰で乾かします。

ケースに分類された宝物

上：拾い集めたお気に入りの漂着物
中：水につけて塩抜き、砂抜き
下：日陰で乾かす

STEP 6 整理してケースに保管

きれいになった漂着物は、自分の基準で分類すれば宝物に変身します。貝殻類は、種類や大きさ、色などで分けて透明ケースに入れ、石は模様や色などで分類します。ケースは、釣具屋や100円ショップなどで売られている、透明のものがおすすめ。貝や石の名前を調べて標本にするのも、楽しみ方のひとつです。ケースやビンが一杯になったら、それをひと区切りとして、次からは別の種類の物に目を向けて、興味の守備範囲を広げていくのもよいでしょう。

まとめ

ビーチコーミングは、何度も浜辺に通うことで楽しみが膨らみます。何となく拾ったものでも、集めるうちに季節の変化を感じたり、背景にあるストーリーが見えてきます。また、自分の好みに気づかされることも。ビーチコーミングで、自分の世界を広げて、感性を磨いてみましょう！

19 シェイプハントで自然のかたちに恋しよう

岡村祐介 | エクスペリエンス デザイン ディレクター

体験した☐ DATE:

　自然界の植物や動物には、美しい造形が数限りなく存在します。花や植物は、色彩豊かで精巧な美しさがあります。昆虫や動物は、それぞれ固有の造形を持っていてなんとも不思議な魅力があります。

　そこで……美しいかたち（＝シェイプ）を、探す（＝ハント）冒険、"シェイプハント"に出かけてみましょう！　行き先は身近な自然でOKです。シェイプハントの対象は、自然界に存在する「対称性＝シンメトリー」という特徴を持ったかたちです。

　普段、見過ごしがちな何気ないかたちも、視点を変えるとその造形の美しさに驚かされます。動物植物の名前を知らなくても大丈夫。自然界にあふれる美しいかたちに会いに行きましょう！

TIME 1 HOUR
STEP 5 STEPS
LEVEL EASY

準備するもの
デジタルカメラ（または スマートフォン）
好奇心

CHAPTER 2 / 見つける　091

STEP 1 対称性をマスターする

下の図を参考に対称性をマスターしましょう。ある形に1本の線を引きます。この線を折り目に2つの図形が完全に重なり合うことを線対称、点を中心に180度回転したとき完全に重なり合うことを点対称と言います。ほとんどの花は何らかの対称性を持っています。昆虫や動物も左右対称です。

線対称
点線を中心に
左右が重なる

点対称
点を中心に
半回転すると重なる

STEP 2 シェイプハントに出かけよう！

対称性を覚えたら、ちょっとした森がある公園など、自然豊かな場所へシェイプハントに出かけましょう。足元や頭の上、近寄ってみたり離れてみたり……。いろいろなアングルから、対称性がある植物や花、昆虫などを探します。歩くペースはいつもよりゆっくりと（183ページ/フォックスウォークを参照）。

STEP 3 記録しよう

シェイプハントしたものを、スマートフォンなどで記録します。以下の3つは対称性の記録としてわかりやすく、幾何学的な美しさを感じる写真が撮影できるポイントです。

①撮影対象の平面や立体に光を均等に当てる。もしくは、光が均等に当たっているものを選ぶ。②上下方向、左右方向ともに撮影対象に対して垂直になるよう、撮影対象と正対する。③撮影対象を中心にとらえる。

上：シェイプもパターンも線対称、蝶の羽
下：点対称のタンポポ

左：対称性のある葉脈
右：点対称のハナミズキ

撮影対象を中心にとらえ正対で撮影

STEP 4 対称性を分類しよう

シェイプハントしたものを記録したら、線対称、点対称に分類してみましょう。分類することで、意外な組み合わせが似た特徴を持っていることがわかったり、自然のかたちが持つ奥深さを発見できます。

裏山で見つけた線対称の造形

STEP 5 回転対称を知る

最後に、回転対称を紹介します。雪の結晶は中心から60度回転させると、元のかたちとピタリと重なります。これが回転対称。雪の結晶の場合360度を6分割した60度でピタリと重なるので、6回対称と言います。ちなみに、点対称は2回対称。回転対称を覚えると、より細かく対称性の分類ができます。

回転対象
ある点を中心に回転すると重なる

90度

60度

22.5度

まとめ

心が動くかたちを見つける体験を重ねると、造形美を感じる力はいっそう磨かれます。対称性をマスターしたら、それぞれの形の成り立ちを調べてみたり、縞、らせん、枝分かれなど、もう少し複雑なシェイプハントに挑戦してみましょう。シェイプハントを通して、新しい自然の美しさを発見したり、自然界のかたちへの好奇心を育みましょう。

CHAPTER 2 / 見つける

20 魚を食べて魚の耳石を見つけよう

井上綾乃 | おさかなマイスター・編集者

体験した ☑ DATE:

　耳石とは、脊椎動物すべてに備わっている平衡感覚を司る耳石器という器官にあるものです。平衡感覚は、頭や体を傾けたら体が傾いたと脳が認識する感覚のこと。平衡感覚がなくなると、まっすぐに立てなかったり、歩けなくなるため、生きていくためには重要な器官です。魚の耳石は、木の年輪のようにできる模様が特徴です。

　この模様から年齢を推定したり、過ごしてきた環境の水温や、餌の量などを調べることができ、実際に1980年代からは放流後のサケやマスの生態の研究に役立てています。

　この「耳石」は、自宅の食卓でも簡単に採取することができます。研究者のように耳石の採取にチャレンジしてみましょう。

TIME 　準備するもの
　　　　　　　　　頭がついている食べたい魚
　　　　　　　　　お箸（または ピンセット）
STEP 　キッチンペーパー
　　　　　　　　　デジタルカメラ（または スマートフォン）

LEVEL

煮つけはほぐれやすくおすすめ

必要なのは目下にある頭部の骨

STEP 1 頭つきの魚を食べる

　耳石は魚の目や脳の近くにあります。頭がついている魚を用意しましょう。写真は魚を煮つけにしたもの。食べ終わったら、頭だけ残しておきます。写真は耳石が大きいキンメダイ。イシモチや、カサゴなども耳石が大きく取り出しやすいのでおすすめ。

耳石

STEP 2 身と皮を取り除き、頭の骨だけにする

　ピンセットやお箸などで採取してみましょう。
　頭部の身を骨からそっと手でほぐします。骨から身が取りにくい場合は、お箸の先など先端が細いものでかき出すとよいでしょう。顎などは破棄し、目のまわりの骨だけにします。水道水で軽く水洗いし、キッチンペーパーで水分を拭います。準備ができたら、手で頭の骨を左右に割ると、とても小さな脳が現れます。魚の骨はとってももろく弱いので、やさしく取り扱いましょう。魚によって耳石の場所は異なります。

上：小型の魚だと頭部の骨は薄い
中：手の力で半分に割ることができる
下：よく観察すると耳石がはまっている

CHAPTER 2 ／ 見つける　095

STEP 3 耳石を取り出す

耳石を見つけたら、お箸またはピンセットでそっと取り出します（耳石は頭部の左右に1枚ずつあります）。取り出した耳石は、さっと水洗いをしてキッチンペーパーなどで水分をとります。水洗いをする時に、耳石をなくさないように注意。魚によっては耳石が脆く、壊れやすいので強くつまむと割れることがあります。

頭部の骨を2つに分割する

STEP 4 年輪を観察する

耳石を色の濃い台紙の上に乗せてスマートフォンで撮影してみましょう。またはデジタルカメラのマクロモード（接写モード）で撮影して、拡大すると、耳石の模様が見えるのがわかります。この模様が年輪で、魚の年齢がわかる模様です。顕微鏡で見ると、魚が1日に成長した過程を耳石に残した「日輪」を調べることができます。この日輪のようすから、さまざまな情報を得ることができます。この写真のキンメダイの耳石は大きく、目でも年輪が見やすいですが、魚によっては大型でも耳石が小さかったり、年輪の模様がほとんど見えなかったり魚種によってさまざまあります。

骨に比べ透明度があまりない

年輪のような模様が成長過程のしるし

実際の大きさ

まとめ

いろいろな魚の耳石を採取すると、形状がまったく異なったり似ているものがあることに気づきます。採取した魚がどういう暮らしをしているかを知れば、グルーピングすることができるでしょう。身近な食材にも生態を観察するポイントは隠れています。採取する楽しみを知ることで生き物の生態への興味が広がります。

21 春を待つユニークな顔
冬芽を探しに出かけよう

小野比呂志 | ホールアース自然学校 理事

体験した ☐ DATE:

　葉っぱを落として枯れ果てたかのように見える冬の木々。でも実はしっかりと生きていて、春へ向けた準備を着々としています。その証が、木々の枝先にちょこんとある「冬芽（とうが／ふゆめ）」。冬芽は、春になると葉っぱや花となる、木々の生命の源です。

　冬は自然観察に向いていないと思われがちですが、そんなことはありません。公園や街路樹の枝先を観察すると、ユニークな顔をした冬芽が見つかるはず。どんな葉っぱを広げて、どんな花が咲くのだろう……季節の変化を感じながら、春を迎えた冬芽の姿を想像するのはとても楽しいもの。変顔、美人系、フワフワ系、コワモテ系……お気に入りの冬芽を探しに出かけましょう。

TIME 30 MIN

STEP 3 STEPS

LEVEL EASY

準備するもの
虫メガネ
冬芽図鑑（あると楽しさ倍増）
防寒になる服装

CHAPTER 2 / 見つける　097

STEP 1 冬芽って？

冬芽とは、冬を越す芽のこと。寒さから身を守り、暖かくなったらすぐに葉っぱや花を大きくしたい、という植物の工夫です。葉っぱや花、枝となる芽が、冬芽の中に小さくまとまっています。冬芽は、冬に葉っぱをつけている木にはありません。まずは身近な場所にある落葉樹を探しに出かけましょう。

オニグルミの冬芽

STEP 2 木々の枝先をよく観察しよう

落葉樹を見つけたら、その枝先をよく観察します。上から2番目の写真、円の中に点々がついた部分の上に、ちょこんとついているコブを発見できましたか？ このコブが冬芽！ コブの下、円の部分は葉痕といって、葉っぱがついていた痕跡です。

葉痕
葉痕の点の配列が、表情のようなクワの木の冬芽

STEP 3 いろいろな冬芽を見つけよう

木の種類によって、冬芽の大きさやかたち、色などはさまざまです。葉っぱそのままのかたちをしているのを「裸芽」、鱗のような皮をまとっているのを「鱗芽」といいます。葉痕にある点の配列が、冬芽の表情の決め手！ どの冬芽も個性的な特徴があるので、たくさん見つけて記録しましょう。

トチノキの鱗芽

アジサイの裸芽

まとめ

命を削る厳しい自然の中で、植物や生き物たちは、季節にあわせて姿や暮らし方を変えて生きています。冬芽はまさにその証。意識を向けると、実は身近な自然に生命の躍動を発見できます。
静の中の動、動の中の静に目を向けてみましょう！

CHAPTER 2　/　見つける　099

意識を変える

夜空に浮かぶ月から宇宙を感じ、
身近に広がる流域や大地から
本来の地形を知る。
意識が変われば世界が変わる。
自然と向き合う新しい視点を身につけよう。

22 半月で地球の公転を実感しよう

上田壮一 | 一般社団法人 Think the Earth 理事・プロデューサー　体験した ☑ DATE:

　月を見て愛でることは、古来から日本人が親しんできた習慣であり、文化です。特に満月は、お月見に代表されるように夜半に夜空に浮かぶ「まんまるな月」を愛で、月光の下でお酒を楽しんだり、古くから夜の楽しみの機会として親しまれてきました。また新月は、時に「皆既日食」や「金環食」を起こす大イベントが訪れるとき大役を果たします。新月は月明かりがなく、星が明るく見えるので、星空を楽しむには最適な夜になります。では半月は、どうでしょうか？　満月のように心の琴線に触れるような体験にはなかなかなりません。でも、実は、半月がいま見えている場所は、視覚的に地球の公転を体感することができる機会なのです。少しの知識があれば簡単に理解でき、しかもロマンチックな気持ちになれる「半月の楽しみ方」をご紹介します。

TIME

STEP

LEVEL

準備するもの
『天文年鑑』(誠文堂新光社) 最新版
星座早見盤
暦アプリ、天文アプリ、暦サイトなど
本書

102

STEP 1 いつ半月になるのか調べる

　いつが半月なのか、どうやって知ったらよいでしょう。あらかじめ『天文年鑑』や暦アプリなどで、月齢（月の満ち欠け）を調べましょう。新月から7日ほど経った「上弦の月」、満月から7日ほど経った「下弦の月」が半月となりますが、前後1日程度は、月の形はだいたい半分に見えます。月齢を調べられるアプリや本が売られているので、参考にしてみましょう。

9月						
				1 新月	2	3
4	5	6	7	8	9 上弦	10
11	12	13	14	15 十五夜	16	17 満月
18	19	20	21	22	23 下弦	24
25	26	27	28	29	30	

月齢カレンダー

STEP 2 半月を見つける

　星座早見盤や天文アプリなどで、希望の時刻に月がある位置を調べましょう。そんなの面倒だ、という方は、目安として、上弦の月は太陽が沈んだあとの南の空、あるいは真夜中に西の空、下弦の月は真夜中に東の空、明け方に南の空にある、と覚えておきましょう。上弦の月の方が、夜の浅い時間に観測できるので見つけやすいでしょう。下弦の月は、夜中から明け方にかけて夜空に探すことができます（でも流れ星の観測をする時など、その時間帯の方が都合がいい、という場合もありますよね）。

STEP 3 上弦の月、下弦の月がわかったら

　上弦の月の場合「あの月は、いまから3時間半前に僕たちがいた場所だよ」と伝えてみましょう。逆に下弦の月の場合は「あの月は、いまから3時間半後に僕たちがいる場所だよ」ということになります。

　実際に、3時間半前にやっていたことを覚えておくと楽しいです。たとえば、キャンプ場であれば「皆でバーベキューしていたよね」とか「川で魚取りをしていたよね」など。

CHAPTER 3 ／ 意識を変える　103

STEP
4 解説をしよう

　これだけでも、多くの人は感動してくれることでしょう。でも理由が知りたくなるのも人情というものです。「すごーい！　でもなんで！？」という質問に答えるために、大切なのはこれから。このページを使って解説してみましょう。宇宙空間に視点を移してイメージすることで、もっと地動説を実感しやすくなるでしょう。

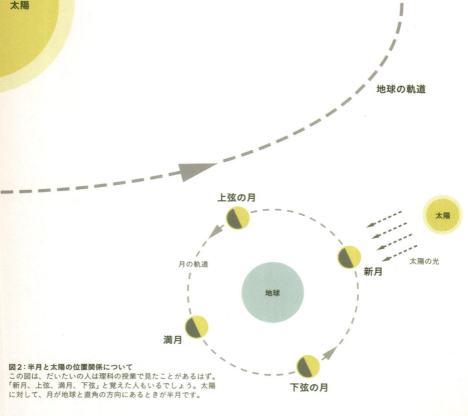

図1：時速11万kmの宇宙船地球号
地球は、1秒間に約30km／1時間で11万km／1年（365.25日）で反時計まわりに太陽を1周（公転）。その距離は約9億km。

図2：半月と太陽の位置関係について
この図は、だいたいの人は理科の授業で見たことがあるはず。「新月、上弦、満月、下弦」と覚えた人もいるでしょう。太陽に対して、月が地球と直角の方向にあるときが半月です。

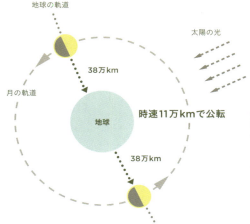

図3：半月でわかる宇宙のひろさ

地球と月の距離が38万kmで、地球の公転の速さは時速11万km。つまり、約3時間半で38万kmを進むことになります。この図を見てわかるとおり、上弦の月の場合は、3時間半前に地球が通過した場所のあたりに「今、月があり半月として見えている」ことになり、下弦の月の場合は3時間半後に地球が通過する場所のあたりに「今、月があり半月として見えている」ことになります。

もちろん正確に場所が一致するわけではなく、「だいたいそのあたり」という話ですが、筆者はこの話を知ってとても感動しました。普段なかなか感じることのない、宇宙的な距離と時間のスケールを視覚的に体感できるチャンスは、そうそうないからです。

図4：上弦の月

図5：下弦の月

まとめ

地球が太陽をまわるスピードや太陽系のスケール感を日常生活のなかでは、なかなか実感することはできません。日の出や日の入りを見ても、太陽が昇ったり沈んだりするようにしか見えず、地球が自転しているから太陽が動く、と感じることは難しいですよね。コペルニクスやガリレオ、ニュートンのおかげで「地動説」は知識としては定着しましたが、生活実感としては、まだまだ「天動説」の世界を生きているのです。そんななかで、この半月体験は、ちょっとだけ「地動説」を実感することができる面白い体験です。慣れてくると夕日を眺めているだけで、地球がまわっていることを体感できるようになります。地動説が体感できたからって、何かの役に立つわけでもありませんが、世界の秘密をちょっと知った気持ちになってもらえたら嬉しいです。世界に関心を持つことは、この世界に生まれたことを楽しんで生きることにつながると思うからです。

23 地球を背負って流れ星を見よう

上田壮一 | 一般社団法人 Think the Earth 理事・プロデューサー　体験した ☑ DATE:

　普段、夜空を見上げてもなかなか流れ星に出会うことはありません。だからこそ流れ星を見た時には、幸運がやってきそうな予感がするのかもしれません。ところが1年に何回か、流れ星に会える確率が高い夜があるのです。
　たくさんの流れ星に出会えるのは、流星群と呼ばれる天文現象が起こる日です。あらかじめ、そのスケジュールを知っておくと、キャンプなどの夜に感動的な体験ができるかもしれません。
　さらに、この流れ星を見るのに、ぴったりな観測スタイルがあるのです。楽しい流れ星体験を通じて、宇宙のなかの地球を感じてみましょう。

TIME 2 HOUR

STEP 4 STEPS

LEVEL MEDIUM

準備するもの
『天文年鑑』（誠文堂新光社）最新版
星座早見盤（または「Star Walker」などの天文アプリ）
虫除けスプレー、かゆみ止め
寝袋
防寒具（夏の夜もかなり寒くなるので準備は怠らずに）
懐中電灯
ヘッドライト
コンパス（方位磁石）
夜食

STEP 1 流星群の日程を調べる

代表的な流星群は、しぶんぎ座流星群、ペルセウス座流星群、しし座流星群、ふたご座流星群など。これらの流星群がやってくる日程を調べ、かつ月がない夜（新月〜上弦の月の頃）が観測に望ましいです。月の光は想像以上に明るく、月が出ていると見られる流れ星は減ってしまいます。月明かりが少ない夜かどうかは事前に調べておきましょう。天文年鑑などの流星群の情報にある「観測条件」という項目をチェックするといいでしょう。

『天文年鑑』や月刊誌『天文ガイド』などに流星群の詳しい情報が紹介されている

STEP 2 夜空が暗くて広い場所を探そう

流星の明るさはさまざまで、夜空のどこを流れるか予想がつきません。街明かりや車のライトなどの影響を受けにくい暗い場所で、できるだけ空が広い場所の方が出会えるチャンスが増えます。筆者は、夜のゴルフ場に入れてもらったり、ヘリポート、駐車場、牧草地などで観測したことがあります。

条件の合う場所を探す

STEP 3 寝転がって、地球を背負って観測しよう

地べたに仰向けに寝て夜空を見上げてみましょう。地球は球体なので、私たちは地球を背負って宇宙と向き合うことになります。眼前に広がるのは、ただただ無限につづく星の世界。空のどこに流れるか予想のつかない流れ星の観測にはこのスタイルが最も適しています。寝袋があれば、顔だけ出して夜空を眺めることもできますね。暗い場所で懐中電灯やヘッドライトを使う時は、赤いセロファンを貼っておくと、光があまり邪魔になりません。観測用に、夜食を準備しておくと◎。

夏も冬も防寒対策は必須。夏でも夜は寒いので要注意

STEP 4 なぜ、流れ星が たくさん流れる日があるの？

流れ星とは何か。地球が太陽の周りをまわる軌道上にはところどころにチリが浮いています。ひとつのチリの大きさは数mmから数cm程度。そのチリが地球の大気に突入すると摩擦熱で燃えあがります。地上から見ると、その燃えあがった光の軌跡が流れ星に見えるのです。

流星群の夜は、多くの流れ星が見られますが、この流れ星のお母さんは、ほうき星（彗星）です。地球の通り道には、ほうき星がまき散らしていったチリが多く残っている場所があります。このチリがたくさんある場所に、地球が突っこんでいくと、多くのチリが夜空から降ってくるように見えるのです。

美しくはかない流れ星は、実はダイナミックな天体の動きの結果なのです。たとえばペルセウス座流星群はスイフト・タットル彗星、しし座流星群はテンペル・タットル彗星が母天体です。

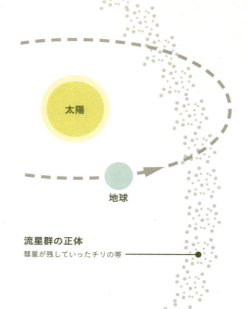

流星群の正体
彗星が残していったチリの帯

まとめ

流星群の観測は、地球の公転（太陽のまわりを1周する）を体感することができる機会です。地球が止まっていて、流れ星が落ちてくるのではなく、宇宙空間に浮かぶチリに向かって地球が進んでいるとイメージするだけで、自分と宇宙の関係がちょっと変わります。さらに、流れ星に夢中になっているうちに、しばらくすると、星座の位置が変わっていることに気がつくはずです。それは、地球が自転しているから。普段はなかなか気づかないけれど、星を眺めていると、この地球自身の回転を体感することもできるのです。明け方太陽が昇るまで、自然の中で夜を明かせば、きっと忘れられない体験になるでしょう。

24 寒さが好きになる発想転換を
ネイティヴアメリカンに学ぼう

川口 拓　|　WILD AND NATIVE 代表・Japan Bushcraft School 校長　　体験した ☐　DATE:

冬の間は寒さを理由に外遊びから遠ざかる人も多いはず。でも、空気は澄んでいるし、星はきれいだし、焚き火の魅力は一番感じられるし、木々が葉っぱを落として見晴らしはとってもいいし、キャンプ場は空いているなど、実は、冬のアウトドアにはたくさんの魅力があります。
　そこで、寒さが好きになるかもしれない発想の転換方法を紹介します。ベースにあるのは、私の人生を変えたと言っても過言ではない、ネイティヴアメリカンの教えです。私たち現代人は、何かを生産しなければならない、成し遂げなくてはならないという境遇にあり、生産性を妨げる寒さ＝ネガティヴなものととらえがち。そこで、その「寒いのはだめ」という固定観念をまずは疑うことからはじめます。寒くてもいい。こんな風に考えましょう。

TIME　30 MIN

STEP　3 STEPS

LEVEL　MEDIUM

準備するもの
なし

CHAPTER 3　/　意識を変える　　109

STEP 1 寒さを「ギフト」と とらえよう

　ネイティヴアメリカンは、不快な状況を「ギフト」と呼びます。
　野生動物はお腹が満たされている時は狩りをしません。満たされているので動く必要がないのです。五感も鈍くなると言われます。ところが、いったんお腹が空くと、心と体と魂はハンターモードに変化し、すべての感覚が研ぎ澄まされます。空腹という不快感が、彼らの生きるエンジンや感性を活性化させるのです。寒さという不快も、野生動物の空腹と同じ。つまり、私たち人間の本能エンジンを呼びさますポジティヴなものです。

焚き火の暖かさを感じられるのも寒さのギフト

夜の焚き火は格別

STEP 2 「寒さ浴」を体験しよう

　それでは、真冬の寒い日にほんの5分ほどで十分なので、Tシャツ1枚などの薄着で外へ出てみましょう。無理に我慢する必要はないので、辛ければ室内に入りましょう。
　外は寒いという決めつけが、寒さに拍車をかけます。リラックスして、乾いたスポンジのように寒さを吸収しましょう。寒さに対する感じ方が少しでも変わったとすれば、「寒さ浴」は大成功！　熱い血潮が流れ出し活き活きとしてきた！　と感じるのも気持ちいいものです。

リラックスして寒さを吸収しよう

STEP 3 トム・ブラウン・ジュニアからの教え

　おしまいに、私の師匠であるトム・ブラウン・ジュニアと、一番弟子のジョン・ヤングの物語を紹介します。

　「トムは冬でも構わず、私をキャンプへ無理やり連れ出すような男だった。真冬キャンプのある夜、私は寝袋に包まり、焚き火を目の前に背中を丸め、ガチガチと震えていた。早く帰りたい、そればかりを考えていた。すると散歩に出かけていたトムが、茂みから出てきた。襟つきのコットンシャツの袖を切り取ったノースリーブシャツという信じられない出で立ちで冬を過ごす男だ。そのくせ寒さに震えていた。小走りに焚き火に向かってきたので、さすがに温まるものだと思った。すると、例のクレイジーな笑みを私に見せ、『何だ？　寒いのか？』と言い残し、また小道を歩いて行った。

　私は焚き火の前で早くこの寒さから逃れたいと、そればかり考えていた。一方で、トムが歩いて行った小道の先にある「泉」のことを考えた。もう氷が張っている時間かもしれない。まさか……と思っていると、ジャボーン！キャッホーーーーウ！　ワーーーハハハハハハハーーーーーー！！！！　という、悲鳴のような、歓喜のようなトムの声が聞こえてきた。

　間もなくトムが小道を戻ってきた。ブルブルガチガチと震え、髪の毛から落ちる雫は凍っているようにさえ見えた。そして私と焚き火のそばを小走りで通り過ぎ、さらにクレイジーな笑みを浮かべこう言った。どうだ？まだ寒いか？」

まとめ

この体験を通して、寒さに対する感じ方が、少しでも変われば大成功です。寒さはもちろん感じる。むしろきめ細かく感じる。だけどそれを、不快で手の施しようのないものとして終わらせるか、本能を熱く活性化させる素晴らしいギフトとしてとらえるか。すべては私たちの ― Choice ― 選択です。

CHAPTER 3 ／ 意識を変える　111

25 身近な「川」を探して「流域地図」を描こう

柳瀬博一 | NPO法人 小網代野外活動調整会議 理事　　体験した ☑ DATE:

　私たちが暮らす場所は、必ずどこかの川の流域にありますが、多くの人が、それを意識していません。とりわけ、都会の場合、地元の川は下水道、緑道となり川が見られない環境ということも影響しています。人間を含め多くの生き物は、水の流れが作った流域の形に寄り添って暮らし、進化しました。「四大文明」が巨大河川の流域に誕生したように、人々の暮らしの多くが、街の作り方、農業の進め方、物流や交通にいたるまで、流域と一緒に発達してきたのです。けれど、自然災害は、今も昔も、河川流域の形に沿って起きています。皆さんに、自らが暮す場所の「流域」を再発見してもらい、街の歴史や自然の形や治水や災害対策に到るまで、多角的な視点で、足元の大地を見つめ直す方法を解説します。

TIME

STEP

LEVEL HARD

準備するもの
スマートフォン
Googleマップなどの地図アプリ
デジタルカメラ

STEP 1　まず、自宅の周りの「川」を探す

　最初に、自宅の周りで「川」を探してみましょう。大きな川のほとりに住んでいたらすぐに見つかりますが、案外もっと小さな川が近くに見つかるかもしれません。まずは、近所の川を散歩しながら探してみましょう。古くからやっているお店の方に聞けば、「あそこにあるよ」と教えてくれるかもしれません。また、インターネットで、自宅の住所と「川」「小川」と検索すると、近所の川が見つかることもあります。基本は、地域の「低い土地」の方へ歩いてみること。田んぼや畑があったら、その近くを歩いてみましょう。見過ごしていた「川」に出会えるはずです。

STEP 2　自宅の周りの「水なし川」を探す

　街中に暮らしていると、「近所に川なんかないよ」という人もいるかもしれませんが、川がないように見える地域にも必ず川はあります。街中や住宅街などでは、昔近所に流れていた川を、下水道にして道路の下に隠したり、緑道に変えたり、コンクリートで蓋をしているケースがあります。そんな「暗渠」(道の下に押し込められた川)になった「元・川」を探してみましょう。

　探し方は2つ。1つは、自分の足で。家を出たら、低い方へ低い方へ歩いてみましょう。小川を探すのと同じ方法です。周囲からみて一番低いところに行き着くと、くねくねした道や緑道にぶつかることがあります。くねくね道に、下水道のマンホールがいくつも並んでいて、道沿いに商店街や飲屋街があれば、大概その道沿いは「元・川」です。

　次に、インターネットを活用して。今はいろいろな人が「暗渠」を探し出し、マップを公開しています。自宅近所の暗渠を見つけた人がいないかどうか、検索してみましょう。ただ、やはり自分の「足」で探すことをおすすめします。川が流れていた道は、さまざまな店が並んでいたり、小さな工場があったりと、かつての人の営みが垣間見れ、川を探すことでその街の歴史と今が垣間見えるはずです。

「元・川」らしき道

道路の下に隠している可能性が高い緑道

道に並ぶマンホール

CHAPTER 3　/　意識を変える　113

STEP 3 「源流」と「河口」を探す

自宅近くの川、あるいは元・川を見つけたら、今度は、その川の「源流」と「河口」がどこにあるのか、または、その川が合流した、より大きな本流の川の源流と河口がどこにあるのか、インターネットの地図で確かめてみましょう。

川の源流

河口付近

STEP 4 「水系」を調べて「水系地図」を作ろう

自宅の近くの川が、小さな川だったり、あるいは暗渠＝元・川の場合、大概より大きな川に合流しているはずです。大きな川の流れには、同じように小さな川がいくつもその大きな川に流れ込んでいるはずです。つまり自宅近くの川は、もっと大きな「主流」の川の「支流」なわけです。

次に、自分の街の川が載った白地図を手に入れて、色鉛筆などでなぞってみましょう。葉っぱの葉脈のように、真ん中に大きな川が流れ、そこからたくさんの川が支脈のように枝分かれしているのがわかるはずです。これがひとつの川の「水系」です。川はたった1本ではなく、まるで木の幹から枝が分かれるように枝分かれしています。細かな支流がだんだん大きな川に合流して、最後はひとつの川になって海に流れ込む。自分の住んでいる場所が、どんな水系のどの位置にあるのか、調べてみましょう。

川の合流地点1

川の合流地点2

家の近くの川を地図上でなぞってみる

STEP 5 「水系」に何があるのか調べてみる

　地図を眺めると、主流の川の源流には、森林があるかもしれません。山の奥にはダムがあるかもしれません。川の途中には、湿地があるかもしれません。途中で川は山奥の谷を抜けて、広々とした扇状地を作っているかもしれません。下流部には工場が並んでいるかもしれません。河口の両脇には、干潟があったり、砂丘が広がっているかもしれません。せっかくですから、ちょっと遠出をして、自宅近くの川の「源流」と「河口」を確かめに出かけてみましょう。小さな川の場合、住宅に囲まれた崖にぶつかっておしまいだったり、小さな神社があってこんこんと今も泉が湧いていたり、と、さまざまな「源流」に出会えるはずです。一方、「河口」は必ずあります。海に流れ落ちない川はありません。自宅の近所の暗渠が、海に注いでいるシーンに出会えるのは、ちょっと感動ものです。実際に足を運んで、写真を撮ってみましょう。

源流近くの川の流れ

中流域の商店街

鉄道と隣り合わせの中流域

STEP 6 「流域」を知り「分水嶺(ぶんすいれい)」を見つけよう

　流域、というのは、山のてっぺんから海にいたるまで、それぞれの川の流れが作りあげた地形の単位のことです。ひとつの川の水系が作る「流域」の両隣には、必ず別の川の水系が作った「流域」があります。分水嶺とは、文字通り、その嶺を境に水の流れ落ちる場所が変わるところ。ひとつの川ともうひとつの川の流域には、必ず分水嶺があります。大きなものだと「山脈」が分水嶺ですね。街で歩いていると、坂道を登って、登り切った後、下坂になってたりします。あの登りきった頂点が分水嶺です。散歩しながら、自宅近所の分水嶺を、探してみましょう。

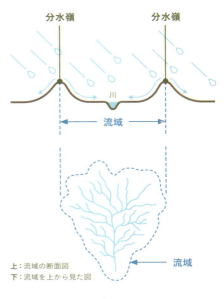
上：流域の断面図
下：流域を上から見た図

CHAPTER 3 ／ 意識を変える　115

STEP 7 「分水嶺」を見つけて「流域地図」を作ろう

　今度は、地図で「分水嶺」と「流域」を見つけましょう。山の凹凸がわかる地図をインターネットで見つけて、自分の住んでいる「流域」と隣の「流域」の境目、ちょうど山の峰になっている「分水嶺」を確かめます。分水嶺を見つけたら、自分の住んでいる「流域」を確かめ、流域に色を塗ってみましょう。

自分の住んでいる「流域」に色を塗る

STEP 8 「流域地図」と道路や鉄道地図と重ねてみる

　自分の地域の「流域地図」の上には、実は普段私たちが暮らしている別の「地図」が載っています。それは「行政区分地図」「道路地図」「鉄道地図」です。行政区分は、場所によっては、流域地図の分水嶺や、川と重なっていることがあります。かつての、土地区分が流域と河川で行われていた名残りですね。また、道路地図をみると、新しい幹線道路は流域の形を無視して最短距離を走ったりしていますが、古い道は、尾根沿いや海岸線など、流域の形に合わせで走っていたりします。また、都市部に暮らしている人が普段一番活用している鉄道地図は、流域の構造とまったく異なることにも気づくことでしょう。

まとめ

自分の住んでいる近くにどんな川が流れ、どんな流域を形成しているのか。それを知ると、普段、道路や鉄道や行政区分で生きている「住所」の世界とは異なる、本来の自然が作った地形の世界に、今も私たちが無意識のうちに暮らしていることがわかります。そして、昔の街が流域に沿ってできたこと。今の街が流域を無視して広がっていること。でも、水害などは、流域単位で起きること。自分で作ったオリジナルの「流域地図」は、どんなところに暮らしているのかを知るのに格好の道具になるはずです。ぜひ、あなたの「流域地図」を作って、ご近所探検に出かけてみてください。

26 カラフルな土を絵の具にして絵を描こう

つくらし | 未来とくらしをつくるちいさな学びの場 主宰

体験した ☑ DATE: _____

　赤、オレンジ、黄、グレー、茶、白、紫、ピンク、ベージュ、緑……。これ、何の色だと思いますか？　実は、私たちの足もとにある土の色です。よく見ると、あなたの身近なところにも、さまざまな色の土があるはず。ここでは、シャベルとビニール袋を持って、どんな色の土があるか集めに行きます。そして、いくつかの色の土を集めたら、土絵の具を作り、自由に絵を描きます。今までは、ただ「茶色」と一括りに見えていた土も、絵の具にして並べてみたら、色の違いに驚くはず。さらに、土の色の違いを知ることは、さまざまな発見にもつながります。土の色が違うと、育ちやすい植物が違ったり、陶磁器や瓦や土壁など作れるものが違ったり、その土ができた年代や気候までもわかったりします。

		準備するもの
TIME	6 HOUR	ビニール袋 …… 5〜10枚くらい 小さなシャベル (スプーンでも可) 乳鉢 (ボールとすりこぎでも可)
STEP	7 STEPS	茶こし (大きめのもの) 絵の具を入れる白い容器 (耐水性のもの) デンプン糊 (木工用ボンドでも可)
LEVEL	MEDIUM	水 画用紙 古新聞 …… 5〜10枚くらい

CHAPTER 3　/　意識を変える　117

STEP 1 身近なところの土を集める

まずは、身近なところで土を集めます。土があるところに出かけたら、足もとの土を一握りビニール袋に入れて、色をじっくり観察します。次に、少し歩いて違う色の土を見つけ、別のビニール袋に入れて、色の違いを観察します。同じように見えていても、すぐそばに違う色の土があることも多いです。これは、植生や気候の変化、地殻変動や火山の噴火など、その場所や地球の記憶が土の色に刻まれているから。また、同じ場所の土でも、深さによって色が違います。特に、土手や斜面などの地層をよく見てみると、色の違う土が見つかるはずです。

地層の土を集める

STEP 2 別の場所の土を集める

STEP1とは別の場所へ出かけ、気になった色の土をビニール袋に入れて集めます。地形や自然環境が違うと、土の色も違います。集めた土を並べてみると、地域や場所による土の色の違いがよくわかります。集めた土は、ビニール袋にマジックで、拾った場所の情報などを書き込んでおきましょう。

別の場所へ出かけ、土を集める

古新聞の上で、土を乾かす

STEP 3 土を乾かす

集めた土は、古新聞の上に広げて乾かします。直射日光がよく当たる場所に、土をなるべく薄く広げると乾きやすくなります。新聞は風で飛びやすいので、四隅に石などを置いておくと安心です。天気にもよりますが、だいたい1時間くらい乾かします。

STEP 4 土を細かく砕く

土が乾いたら、1色ずつ乳鉢（ボールとすりこぎでも可）に入れて砕いていきます。土が細かくなったら、茶こしで土をふるいゴミや木片などを取り除き、粒の大きさを揃えます。

茶こしでふるった土は、白い容器に入れて並べると、色が鮮やかに見えて、それぞれの土の色の違いがよくわかります。集めた土を並べて、違いを比べてみましょう。色だけでなく、触り心地も確認します。サラサラ、ふわふわ、ざらざらなど、見ただけではわからない感触の違いにも気づくはずです。

STEP 5 土絵の具を作る

種類によって材料は違いますが、基本的に絵の具は、色の素（顔料）と、紙に色を固定するためのもの（接着剤）と、その2つを混ぜるもの（溶剤）でできています。土絵の具も同様に作ります。顔料の土に、接着剤の糊（ここではデンプン糊、木工用ボンドでも可）と、溶剤の水を混ぜていきます。水の量によって描き心地が変わるので、様子を見ながら、好みの固さになるまで糊と水を少しずつ混ぜていきましょう。

上：土を白い容器に入れて並べる
下：茶こしで土をふるう様子

土に糊と水を混ぜる

STEP 6 土絵の具で絵を描く

絵の具ができたら、画用紙に絵を描いていきます。土絵の具は、市販の絵の具よりも色の粒が大きいので、筆ではなく素手（指や掌全体）で描くのがおすすめ。上手く描こうと思うより、土絵の具の感触を楽しみながら、大地の色の豊かさを感じましょう。

土と糊と水を混ぜるといっても、描き方はいろいろ。紙に水で薄めた糊を垂らして、そこにパラパラと土絵の具をふりかけるという手法もあります。自由に画法を試してみましょう。

上：指を使って絵を描く
下：糊を垂らし土絵の具をふりかける

STEP 7 展覧会をする

描いた絵は、洗濯バサミで挟んでロープに吊していきます。吊るすことで、絵が乾きやすくなるだけでなく、屋外だととっても気持ちがいい青空ギャラリーになります。

描いた絵を見ながら、気づいたことを発表して、次に土を集めにいく場所を決めるのも楽しいです。

外に吊るして青空ギャラリー

まとめ

土の色を知ることは、新たな発見につながります。その豊富な色の違いはもちろん、土の色に刻まれた場所や地球の記憶から、土と地域との関係まで。また、モノやコトと土が関係していることなど、思いがけない発見があるかもしれません。

27 映像の工作
自然の個体差を観察しよう

岡崎智弘 | デザイナー

体験した ☐ DATE:

　山や森をはじめ、身のまわりのいろいろな場所にはたくさんの自然物が落ちています。主に落ち葉や木の実、石ころなど。そのどれひとつとして同じものは存在しません。そうした個体をひとつずつ写真で撮影し、その写真を連続表示することで映像を作るストップモーションと言われる映像技法で、個体差を観察してみましょう。ひとつずつ違う個体が連続表示される映像は、全体に通じる共通性や、その反対の違いが見てとれるのと同時に、同じことと違うことが独自の動きの表情を作るので、アニメーションとしても楽しむことができます。どのような順番に着眼して並べるかによっても、その見え方は変わるでしょう。知識や実経験以外の方法でも自然を感じてみる。そういったことがこの体験から得られます。

TIME 6 HOUR

STEP 5 STEPS

LEVEL HARD

準備するもの

落ち葉などの自然物 …… 30〜100個くらい
デジタルカメラ（または スマートフォン）
三脚
撮影物を置く背景となる白ボード（白色でなくても可）
動画制作には映像編集ソフトがあるとベスト

CHAPTER 3 / 意識を変える　121

たくさんの木の葉

上：1種類（イチョウ）の葉を選んで集める
中：木の葉にまぎれて木の実も落ちている
下：ドングリも集めてみる

STEP 1 拾う・集める

　地面に落ちている同じ種類の自然物をできるだけたくさん（30〜100個くらい）拾い集めます。海岸や河原には石ころや貝殻などが、森などの場所はもちろん、秋や冬の季節でも公園や街路樹の下にはたくさんの木の葉や木の実が落ちています。葉っぱなどは拾った後に、押し花の要領で本などに挟んでおくときれいな形を保てます。

拾い集めたイチョウとドングリ

122

さまざまな色のイチョウの葉

色の順番で並べてみる

STEP 2 分ける・並べる

集めたものを、並べて見てみましょう。色味の順番や、形の順番など、見た目の特徴の度合いを見出して、度合い順に並べていきます。

大きさ順に並べたドングリ

STEP 3 撮影する

並べた順番で、三脚を使ってカメラを真俯瞰アングルに設置し、撮影をします。写真の中心の位置に毎回ものを置くように工夫することで、撮影した被写体の位置がそろい、映像にした時にきれいに見えます。また、撮影中はカメラや三脚を動かさないように気をつけます。ここで撮影した1枚1枚の写真がつながることで映像になっていきます。

撮影の様子

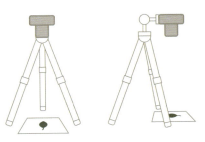

真上からカメラで撮影できるよう三脚を設置

CHAPTER 3 / 意識を変える 123

STEP 4 ストップモーション映像にする

撮影した写真を使って映像を作ります。パソコンと映像編集ソフトがあればソフトに写真画像を取り込み、1秒間に10〜30枚ほどの速さで連続表示するように設定。専門の映像編集ソフトがない場合は、パソコンのプレビューソフトで撮影した写真を表示して、(次に進む)矢印キーを押し続けることで写真が映像のように表示されます。一眼レフなどのデジタルカメラについているプレビュー表示のダイヤルを回し続けることでも、撮影した絵が連番表示されるので映像のように確認することも可能。使用するソフトは、Final CutやPremiere、After Effectsなどの映像制作専用ソフト、またはiMovieなどのソフトでも画像をタイムラインに並べればストップモーションが作れます。

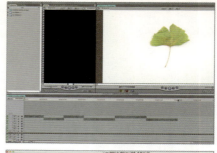

上:撮影した画像を映像編集ソフトに取り込む
下:PCにもともと入っているプレビューなどのソフトでも、簡易的にアニメーションで写真を見ることができる

STEP 5 映像を観察する

映像の中で、自然物の個体差がどのように見えるのかを観察します。

筆者が作ったサンプルの動画が見られます

https://www.youtube.com/watch?v=MXU1UiIFdXo

動画で見ると形の違いを認識しやすい

まとめ

自然のあらゆるものにはひとつとして同じものは存在しません。頭ではわかっていても、実際に普段の生活では意識的にそれを観察していません。一方で自然の中に身を置き、身体のあらゆる感覚を使い、有機的な自然の表情を観察する体験は何にも代えがたいものです。この「ストップモーション映像による自然の観察」は、自然の中に身を置くこととは別の角度から、自然を客観的な視点で体験・観察することとなるでしょう。

28 苔テラリウムで苔の気持ちに迫ろう

園田純寛 | 「苔むすび」店主・代表　　　　　　　体験した ☑ DATE:

　普段は道端や庭などに何気なく生えていて、雨上がりには鮮やかな緑色に潤う苔。近づいてよく見てみると、さまざまな色や姿形があることに気づきます。そんな苔を、お部屋で育てられればと思うのですが、苔はほかの植物とは体の仕組みが異なり、置かれている環境に影響を受けやすい性質があるので、まずは苔の好む環境を整えてあげる必要があります。また、さらに元気に成長できるように、正しく管理してあげる必要もあります。
　ここでは、「テラリウム」という形で、苔の好む「多湿な環境」を作り、育てる方法を紹介します。苔テラリウムとして身近に置くことで、苔の好む環境や性質を知るきっかけになり、その深遠さに触れることができるようになります。

TIME　3 HOUR

STEP　8 STEPS

LEVEL　MEDIUM

準備するもの
ビニール袋
スプーン
ピンセット（先がまっすぐで細く尖っているもの）
ハサミ
苔テラリウムに適した土
蓋つきの透明容器

CHAPTER 3　/　意識を変える　　125

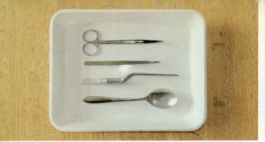

上：スプーン、ピンセット、ハサミ
下：苔テラリウムに適した土、蓋付きの透明容器

上：コツボゴケ（左）とタマゴケ（右）
下：美しいヒノキゴケ

STEP 1 道具と素材を準備する

　テラリウムを作るための道具と、土と透明容器を準備します。湿度たっぷりで風通しの悪いテラリウムは、カビがわきやすい環境です。屋外の土や腐葉土などは、カビがわきやすいため使わず、基本的に市販のものを使うことをおすすめします。インターネットなどで手に入りやすい土は、上の写真の左から「焼成赤玉土」「富士砂」「ピートモス」。「セラミスグラニュー」など、ハイドロカルチャー用の土も使用できます。透明容器は、蓋つきのものを選びます。サンプルでは、ガラス製の容器を選びました。

STEP 2 苔を手に入れる

　街中の苔は小さいものが多く、カビやすかったり、うまく育たないものも多いです。庭などによく生えている「コツボゴケ」は、テラリウムに比較的適しています。苔を採取するときは、ちょっとずつ「おすそ分け」してもらう気持ちで、必要な分だけ採取します。また、屋外の土はカビやすいので、土がなるべくついていないものや、土を除きやすいものを選ぶとよいでしょう。

　実際はインターネットでも販売されている苔を使うのが手軽な方法です。苔テラリウム向きの手に入りやすい苔は、「コツボゴケ」のほか、「タマゴケ」「ヒノキゴケ」などがあります。なかでも、ヒノキゴケは特に美しく、テラリウムでも簡単に育てられるのでおすすめです。

上：透明容器にスプーンで土を敷く（左）、土やゴミを水で洗い流す（右）
下：苔をピンセットでつまむ（左）、植えつける（右）

上：シンプルな苔テラリウム
下：石とフィギュアを組み合わせてみた

STEP 3　土台を作る

　苔テラリウムの土台を作ります。透明の容器にスプーンを使って、入手した土を敷きます。苔は根を張る植物ではないので、土の量は特段多い必要はありません。最低、植えつけるのに必要な厚さ（1cm程度）があれば大丈夫です。

STEP 4　苔を洗う

　カビの発生を防ぐため、苔についた土やゴミをきれいに水で洗い流すか、ついた部分をまるごと切り取ります。苔には根がないので、どこでも自由に裂いたり、切ったりして問題ありません。少し面倒な作業ですが、丁寧に処理してあげることが大切です。これにより、虫のわく心配も少なくなります。

STEP 5　苔を植えつける

　次に、苔を好みの大きさに切り取り、「挿し木」や「田植え」と同じように植えつけます。写真のように、ピンセットの先端と苔の先端を合わせてつまみ、ピンセットの先を土に差し込むように植えつけます。小型でまとまって生える苔は、塊のまま土に密着させる方法もありますが、少しずつ挿して植えた方がカビにくく、うまくいくことが多いです。

STEP 6　アレンジする

　シンプルな苔テラリウムもよいですが、いくつかの苔を組み合わせたり、石やフィギュアを置いてみると、さらにいろいろな表現が楽しめます。自分なりに小さな世界を作る感覚で、想像力を膨らませながらアレンジしてみましょう。

STEP 7 3つのポイントを押さえて、正しく管理する

　苔は、置かれている環境に影響を受けやすい性質があります。そのため、正しく管理してあげる必要があります。ここでは、3つのポイントを紹介します。

　①直射日光は当てないこと：密閉した容器は熱がこもりやすく、たとえるなら、炎天下に置かれた車。高温になると、苔は死んでしまいます。

　②なるべく明るく涼しい場所に置くこと：苔は光の必要な植物です。室内はただでさえ暗いので、なるべく明るい場所に置きます。LEDライトなどで光を補ってあげると、より健康的な苔になります。ただし、照明も熱を出すので、ある程度テラリウムから離して置きます。温度の点では、特に夏場は注意が必要です。暑くなる場所では、テラリウムをドボンと水につけておくと、温度が上がりにくくなります。逆に冬場は、凍らない限り問題ありません。

　③霧吹きで水をやること：苔は、体全体から水を吸収するので、霧吹きで水をあげます。容器の密閉具合や外の環境、苔の種類にもよりますが、2〜4週間に一度程度の水やりが一般的です。苔が縮れるようなら水不足、土が水浸しになるようなら水のあげすぎ、と状態を見ながら調節します。

上：北側窓辺は明るく直射日光が射さず最適
中：LEDライトなどで光を補う
下：暑くなる場所では水につけると安心

STEP 8 メンテナンスをする

　苔は、増えたり伸びたりと成長します。伸びすぎて見苦しいようであれば、ハサミで切ってあげます。切った苔の下部の方を土に挿すと、そこでまた成長し、切りっぱなしよりも美しいです。また苔は、カビたり枯れることもあります。そんなときは、早めに取り出してカビを広げないようにしましょう。

伸びた苔の下部を取り除き、切った先端を植えた

まとめ　苔の好む環境を作り、身近に置いて心を込めて管理してあげることは、苔とコミュニケーションをとるようなこと。自然と苔の気持ちがわかるようになり、ときには最高の輝きを見せてくれます。

29 人工の自然を探しに行こう

久納鏡子 | アーティスト

体験した ☑ DATE:_____

　科学技術の発達により、私たちの周りの自然の様子も10年前、100年前、1,000年前と変わってきました。たとえば、空気が澄んだ日の空に、飛行機から伸びた一筋の雲「飛行機雲」は、今では環境に馴染んで当たり前になっていますが、飛行機が生まれた100数十年前以前には、見ることができなかった雲です。このように、科学や技術が発達することは、おのずと自然の風景を変えていくことがわかります。私は普段、アートの分野で活動しています。アートの1つの役割は、いつも当たり前に見ているものを違う視点から眺めること。ここでは、アートの視点で自然を眺め、科学技術によって生まれた新しい自然「人工の自然」を観察することで、自然とは何か、あるいは私たちが自然だと思っているものは何か、再確認することを目指します。

TIME　3 HOUR

STEP　4 STEPS

LEVEL　MEDIUM

準備するもの
双眼鏡

CHAPTER 3　／　意識を変える　129

空に伸びた飛行機雲を観察する

夕暮れ時の空の人工衛星を観察する

STEP 1　人工の自然「雲」を探す

　はじめに、人工の自然を探すにはどうしたらよいでしょう？　1つ目のアプローチは、自然の中の物理現象だけれど、人工物によって偶然作り出されたものを考えると見つけることができます。「飛行機雲」はその1つの例です。科学技術の発達によって、地上数千メートルもの上空を、大きな鉄の塊が飛ぶようになり、ジェットエンジンから出る水蒸気や、機体によって起こる空気の渦巻きなどで、空気中の水分が氷のつぶになり雲のように見えるのです。

　空気が澄んだ日に空を見上げ、飛行機雲を探して、観察してみましょう。最初はまっすぐだった飛行機雲は、時間がたつと空になじんで、自然の雲のように形を変えていきます。自然の雲と人工の雲の境界はどこにあるでしょうか？

STEP 2　人工の自然「星」を探す

　2つ目のアプローチは、科学技術によって作られたものだけれど、自然の風景になじんでいるものを見つける方法です。夕暮れ時の空に、星とも飛行機とも違う、少し光の足りない小さな星「人工衛星」が移動しているのを見ることができます。この人工の星が生まれたのも、今から60年程前のこと。現在は、軍事、通信、観測などの衛星4,000基以上が空に浮かんでいます。

　空気の澄んだ夕暮れ時に、空をじっと眺めてみます。人工衛星を見つけたら、じっくり観察してみましょう。私は人工衛星を見つけると、自然の星を見た時と似たようなうれしさを感じます。自然の星と人工衛星を見た時で、感じ方は変わりますか？

自然の風景に同化した波消しブロックを観察する

STEP 3 人工の自然「波消しブロック」を探す

3つ目のアプローチは、自然の中にある人工物で、当初は違和感を持たれていたけれど、長い年月を経て自然の風景と同化しているものを探す方法です。たとえば、海岸でよく見かける波消しブロックも、自然の風景と同化した人工の自然だと考えています。波消しブロックによって、景観や生態系が損なわれるとも言われています。でも、この人工物ができて70年以上たち、善し悪しに関わらず、もはや私たちの海の風景の1つになっているでしょう。

海や川へ出かけ波消しブロックを探して、じっくり観察してみましょう。違和感を感じるでしょうか？ 周りの風景になじんでいますか？ 自然と人工物が調和している風景は、どのようなものでしょうか？

STEP 4 応用編：いろいろな人工の自然を探す

これまでのアプローチを参考に、自分なりに人工の自然を探しに出かけます。人工物ではあるけれど、あなたが自然だと思うモノや現象を見つけ、じっくり観察してみましょう。

まとめ

ときには敵対関係のように捉えられることもある自然と科学技術。「人工の自然」を発見することは、自然とは何か、を深く考えることでもあります。私たちがどんな自然の姿・風景を見たいと思っているのか、自然と共存していくための未来のアイデアを考えていくことにつながります。

CHAPTER 3 / 意識を変える

30 街のスキマに植物を、そしで生態系を探してみよう

塚谷裕一 | 東京大学大学院理学系研究科 教授

体験した ☑ DATE:

　スキマの植物とは、文字通り、コンクリートやアスファルトのひび割れ、ブロック塀のスキマや割れ目など、思いがけないスキマに暮らす植物のことです。珍しい、と思うかもしれませんが……実際かなりの種数が街のスキマに暮らしています。まずは視線を足元のスキマに向けて歩いてみましょう。100mと歩かないうちに、何か緑の植物を見つけられるでしょう。その感覚を保ったままほかの道も歩いてみます。続々と花が見つかりませんか？ 花を見つけたらその周りにも目を巡らせてみましょう。花に昆虫が来ていませんか？　そこには幼虫がいて、葉っぱをかじっているかもしれません。スキマの植物は、私たちにとって一番身近な自然であり、街中の生態系の重要な要でもあるのです。身近に暮らすスキマの植物を探しに出かけましょう。

TIME 30 MIN
STEP 5 STEPS
LEVEL EASY

準備するもの
筆記用具とメモ
デジタルカメラ（または スマートフォン）
植物図鑑（あると楽しい）

STEP 1 街中のスキマの植物を探してみよう

　探し方は簡単。歩きながら視線を足元近くに配るだけです。アスファルトの割れ目や石畳のスキマに、緑の植物がいろいろ見つかりませんか？　最初は苔や小さなツメクサなど、地味な種類しか見つからないかもしれませんが、そのうち、数十cmの大物や、華やかな色の花をつける種類も見つかるでしょう。慣れてきたら視線を上げてみましょう。ブロック塀の壁面や煉瓦積みの間に、スキマの植物が見つかることもよくあります。

　めぼしい種類が見つからないとしたら、その理由は次のどれかでしょう。①まだ舗装や建築ができあがったばかりで、スキマがない、またはまだ植物が入る前の状態。②ビルの影で1日中日が当たらない。③勤勉な管理人さんがいて、草抜きを徹底している。

STEP 2 スキマの植物の種類を知る

　日本の気候のもと人里近くで長いこと暮らしてきた植物の大半は、街中のスキマにスムーズに住処を変えることができました。ツメクサやスミレの類のような小型の種類から、ドクダミのような中型、果てはススキのような大型のものまで、多くの種類がスキマに暮らしています。明治、大正、昭和と、海外との交流が盛んになるにつれ、日本に入ってきた帰化植物たちにとってもスキマは暮らしやすい環境です。セイヨウタンポポやハルジオン、ノゲシなどは、日本全国どこに行ってもスキマでよく目にする帰化植物です。

　ユキヤナギやナンテンなど、木になる種類もスキマで見かけます。風や野鳥によって、庭や公園からタネで逃げ出したのでしょう。

上：よく見かけるツメクサ
下：煉瓦積みの間のヒメオドリコソウ

上：黄色い花を咲かせるツワブキ
下：匂いの印象も強いドクダミ

STEP 3 その正体は園芸植物

　スキマに多い植物、もう1つのタイプは園芸植物です。大きな花壇のある都市公園の周りや、園芸趣味の方が多く住む市街地で特に目立ちます。ペチュニア、ベゴニア、ニチニチソウ、小型のパンジー類などがその代表格です。花壇や鉢植えで楽しむ間にたくさん小さなタネをつけ、自然と周りにタネをまき散らすタイプの植物です。

　タネでやってきたケースばかりとは限りません。もともとは宅地の庭先で育てられていたものが、ある時工事で更地となり、その後にアスファルトなどで上を塞がれたため、やむを得ず植物の方で工事終了後にアスファルトやコンクリートを割って出てきたような事例もよく見かけます。ブロック塀の内側で育てられていた植物が、地下茎などで塀の下をくぐり、道路側とのスキマから顔を出すケースも少なくありません。

STEP 4 スキマの利点を考えよう

　なぜ、こんなにたくさんの植物がスキマに暮らしているのでしょう？　それはやはり快適だからです。狭そうに見えますが、スキマの下にはちゃんと土があります。スキマが狭いぶん横には誰も入ってきません。早い者勝ちでスキマを占有すれば、地上も地下も競争相手に煩わされずにすみます。

　植物にとって、光を遮らない空間の確保は重要なポイント。しかし、日当たりのよい広い土地は、必ず他の植物と光の奪い合いになります。一方で、スキマは隣に誰も来ない特等席。スキマの植物の背が低いことが多いのも、わざわざ背を伸ばさなくても、光をほかの植物に遮られる危険性がないからです。

すぐ近くに親株を発見！ペチュニア

道路にはみ出しそうなタチアオイ

ブロック塀のスキマから顔を出すハナニラ

STEP 5 好適なスキマ環境の理由

ほかにもスキマの利点はあります。まず土地が乾きにくいこと。根元を除いて基本的にアスファルトやブロックに覆われているので、水分の蒸発が少なく乾燥のストレスが多くありません。雨が降れば、スキマめがけて水が流れ込んできます。電柱の横のスキマなら、犬の散歩ついでに肥料分をいただくこともあるでしょう。

独り身で寂しいのではと思うかもしれませんが、これは擬人化したときの誤解。植物、特にスキマに生える種類の多くは、自分だけでちゃんと花が結実します。種子をつけ、繁殖する上でも、必ずしも近くに同じ種類がいる必要はありません。必要がある場合は昆虫や鳥が花粉を運んで仲立ちをしてくれます。ざっと身近で見られるものだけで、スキマの植物はなんと100種を軽く越えます。スキマの植物は、街中における最も身近で豊かな自然なのです。

まとめ

ひとつの街のありとあらゆるスキマから植物を一掃してしまったら、その街に暮らす植物の種数は激減するでしょう。スキマの植物を食べて暮らす昆虫も一気に減ってしまうでしょう。昆虫がいなくなってしまったら、街中で雛を育てる小鳥たちはどうしたらよいでしょう。朝や夕方の小鳥のさえずりも消えてしまうのです。小鳥たちが姿を消してしまったら、庭や公園の果実を食べる動物がいなくなり、糞を介しての新たなスキマの植物の供給もできなくなります。こうして見ると、スキマの植物こそ、街の自然の、生態系の要であることがはっきりとしてきます。

アスファルトから伸びたハルジオン

電柱のスキマの小菊

スキマを占有して快適そうなニチニチソウ

CHAPTER 3 / 意識を変える

採ること、
食べること、
交わること

藤原祥弘 ｜ エディター・ライター

PROFILE

狩猟採集、野外活動、自然科学を主なテーマに執筆・編集するフリーランスのエディ
ター、ライター。自分で採って、食べることをライフワークとする、よろず食材採
集家。得意な採集方法はスピアフィッシングと投網。お気に入りの獲物はヒレナガ
カンパチ。川遊びチーム「雑魚党」の一員として、水辺での遊び方のワークショッ
プも展開。著書に『海遊び入門』（小学館・共著）ほか。

人類がサルと分かれてから数百万年。今では人は快適な都市に住
み、外敵から命を脅かされることもなく、深海から遠く宇宙空間まで
出かけるようになった。社会はとても大きくなり、働き方も暮らしも
千差万別だ。

しかし、「土や水が育んだ食物を食べて生きる」という点では、僕ら
は遠い昔から少しも変わっていないし、これからも変わらないだろ
う。動物は、他者の命を摂りこむことでしか自分の命をつなげない。

現代人は自分の食物を自分で採集することは少なくなったけれど、
「何かを収穫したい」という欲求は、心の奥底にしっかり刻まれてい
る。狩りに出ずに食物を得られる現代でも、果実をもぎ取る観光農園
は人であふれ、大潮の干潟は潮干狩りを楽しむ親子連れでいっぱいに
なる。週末の渓流は、魚が安心して姿を見せる間もないほど、ひっき
りなしに釣り人が訪れる。

もちろん、それらの収穫物は確実に採れるように用意されたものだ。訪れる人々も、商店で購入するより高くつくことを知っている。しかし人々は「自分で採ったものを食べたい」という欲求に突き動かされて出かけていく。

　これはちょっと滑稽なようにも思えるけれど、お金を払ってでも獲物を手にしたいと思う人がいるのは無理もない。なにせ、ほんの100年ほど前までは、食べ物を自分で手に入れることは人類の最大の関心事だったのだ（そして、人間以外の動物たちにとっては、今でも最大の関心事である）。

　人類になってから数百万年、その前も含めれば数十億年かけて培われた欲求は、自分で狩りに出かけない時代になっても簡単には失われなかった。自身のなかのそんな欲求に気づいてしまった人には、もう一歩踏み込んで野生食材の採集に挑戦してほしい。

　野生の食材を覚えて、自分で採って、食べることは小さな冒険だ。どこに出かけて、どんな道具があれば採集できるのか？　手に入れた食材は間違いなく毒がないものか？　化学物質や寄生虫で汚染されてはいないか？　自分が食べるものを自分で探し、その安全性を評価してから口にするというプロセスは、私たちの祖先が日夜繰り返してきた行為そのものだ。自分の判断に自分の体で責任を負うことは、誰かが用意してくれた食材を収穫するよりよほど手応えがある。

「野生の食材」と聞くと、シカやイノシシのような大型の哺乳類を思い浮かべる人もいるだろうけれど、手はじめに挑戦するべき獲物は身近な植物だ。

　あなたの住まいが田畑の残る郊外や大きな河川のある地域なら、信頼できる図鑑を手にして野原や河原に出かけてみよう。そこには必

YOSHIHIRO FUJIWARA / 139

ず、食べられる野草や実をつける木が生えている。

　初めのうちはどの草も同じように見えるが、注意深く観察を続ければ、ひとつ、またひとつと食べられる草と顔見知りになれる。そしてあなたは「食べられる植物」と「食べられない植物」を見分ける力が自分にも備わっていたことに気づくはずだ。

　一度食べられる植物を覚えると、以前はただの緑にしか見えなかった茂みのなかから目当ての植物が浮かび上がってくる。通学や通勤に使う電車や旅先の車窓から見た風景のなかに、あなたは一瞬で食べられる草を見つけるようになる。それは、不思議で素敵な体験だ。

　あなたが目をつけた野草や木の実は、ほかの野生動物も狙っている。「明後日あたりがちょうどいいな」と3日後に訪れてみると、何者かに収穫された直後だった、なんてことはよくある話。きっとあなたは、自分が食べるはずだった実を先取りした犯人に思いを馳せる。場合によっては、犯人をつきとめて、その名前と習性を覚えるかもしれない。

　身近な食草を集めながら数シーズンを過ごせば、あなたの体のなかには自分だけの図鑑と地図ができあがっている。新芽の出る時期やたくさん採れる場所、翌年以降に影響を残さない適切な収穫量、自分と競合する野生動物の名前……。そしてある時、自分もまた、その図鑑と地図のなかの一員になっていることに気がつくだろう。

　自分だけの図鑑と地図を作るには、魚釣りも有効だ。四方を海に囲まれ、水に恵まれた日本では海にも川にも魚があふれている。釣りの入門者向けの道具は比較的安価で入手もしやすく、対象魚ごとに技術も確立されている。運が良ければ、一度の釣行で道具の費用以上の魚を手にすることもある。

人と同じように目があり、赤い血をもつ生き物を殺すのは植物の採集より重たい体験だ。自分の手を汚した、という感覚が強く残る。釣りを通じて、ふだん気軽に購入している魚が自由に泳ぎ回る生物だったことを思い知る。釣って、殺して、食べるうちに、自分で獲ったものであれ購入したものであれ、魚や肉を大切に扱うようになる。

　そして魚釣りには、人の目を水に向けさせる力がある。魚が気になりだすと、魚が住む水のことが気になりだす。自分の家の近所の川には魚が棲んでいるか。棲んでいるなら、その魚を気持ちよく食べられる程度に水はきれいか。水が汚れているとしたら、誰がそれを汚したのか——。

　考えるうちに、自分がその水を汚した張本人のひとりであることに思い至る。家の近くの川を自分で汚しておきながら、汚れていない水を求めて遠出することに胸が痛みだす。人によっては、家庭から流す排水をできるだけ汚さないために、自分のライフスタイルを改めることもあるだろう。

　こんなふうに、身近な食材を生活に取り込むことは、自分の生活に責任を持つことにつながっていく。自分の体を作る食物を進んで汚す人がどこにいるだろうか？　翌年以降も恵みを与えてくれる芽をすべて摘み取る人がいるだろうか？

「自分で採って、食べる」という遊びは、誰にでもできて、自然と深い関わりを作るいちばんの早道だ。自然を自身の内部に摂りこみ、自分の体で自然に対して責任を負えば、自然はぐっと近しいものになる。

森に炎をもらいに
―ナイフ1本で火をおこすということ―

川口拓 | WILD AND NATIVE 代表・
Japan Bushcraft School 校長

PROFILE

1971年埼玉県生まれ。1990年代よりカナダやアメリカを何度も訪ね、雪山登山、
ロッククライミング、カヌー、カヤック、野外救急法、野外教育法、ネイティヴア
メリカンの古来の教え、大地とともに生きるサバイバル技術などを学ぶ。2001年
より自然学校「WILD AND NATIVE」を主催し、地球とのつながりを感じる自
然体験プログラムを実施している。2013年、一般社団法人「危機管理リーダー教
育協会」を設立。現在も自身で学びながら、ネイティヴアメリカンの大地とともに
生きる術、哲学、アウェアネス（原始の感覚の使い方）、サバイバル技術などを、
一般人から現役自衛官、警察官に至るまで、幅広く共有している。

　今日は森に来ました。持ち物はナイフ1本。それと水。目的は、森
の中で枯れ枝を見つけて、それを使って弓錐式火おこしの道具を作
り、火を点けること。1時間足らずで火が点いてしまうこともありま
すが、学びが多いのは成功しない日。今回の目的も「着火」ではなく、
「学び」でいこうと思います。

　森に着いたら、まず何もしない時間を少し過ごします。一人で森に
入ることにはかなり慣れましたが、不安がまったくないといえば嘘に
なります。この場所はクマンバチやスズメバチも多く、実はあまり得
意ではない蛇もたくさん居るでしょう。何もしない時間を過ごす理由
は、そんな不安を和らげたいからです。

　ネイティヴアメリカンの教えでは、それをもっと格好良く伝えてい
ます。その場所に受け入れてもらうとか、その場所の波長に合わせる

とか。でも多分それは、恐怖や不安という素晴らしい先生が根底にある教えなのだと思います。

　感じているかすかな「不安」のリズムに合わせるように、恐る恐る、時折立ち止まりながら森へ入っていきます。サンダルで来ると、その分足を置く場所をよーく見ないといけないので、おのずといろいろなことに気づけます。でも数日前に、特大サイズのマムシを見てビビったので、今日は靴です。

　落ち着く場所を見つけ、今度はじっと座ります。恐る恐るという心境は、いろんな音や景色に敏感になるということです。じっとしていると不思議なことに不安が段々和らいできて、敏感な感覚だけが残ります。いったんこういうモードに入ってしまうと、蜂の羽音は本当に大きく聞こえ、彼等の気配を感じることは簡単に思えてきます。蛇だって、ウルシだって、すべて自分の感覚のセンサーに入って来る感じがします。こうなるともう気分は「森側の人」。腰を上げて、ゆっくり、柔らかく、バランスを崩さないように歩きはじめます。自分一人と森。そんなプライベートな感覚はすごく気持ちがいいです。

　歩きまわってるうちに、火おこしに向いていそうな材がいくつか集まりました。原始の摩擦式発火法は、フォームをしっかり身につけて、道具の作り方や調整の方法を覚えれば、あとはいかに「適した材」を見つけられるか。これにつきます。枯れ枝なら何でもというわけにはいきません。枯れ枝を採取し、持ち帰って天日干しすると当然火がつきやすくなります。そうではなく、今、ここで見つけられる材で火おこし道具を作り、着火させるのです。

　弓をつくり、紐を編みます。紐の素材は、謎の蔓植物。弓錐式火おこしの最大の課題は、とにかく強い紐。前回この蔓を編んで紐にしてみたらかなり良かったので、今回もこれを使ってみました。良い感じ

の紐が出来上がり、さらにワクワクしてきます。

　弓が出来上がり、火錐棒、板、ハンドルも完成。いざ着火へ。まず第一のトラブルは、やっぱり紐。切れました。懲りずにもう一度編みます。今度はもっと太く。また切れました。前回はもっと強かったのに、今回はなぜこんなに切れてしまうのだろう？　棒が回りにくいからその分紐に負担がかかるのか？　じゃあどうして回りにくいんだろう？　火錐棒がソケットに食い込んでるから？　そうしたら窪みの穴を大きく広げてみよう。お、いい感じ！　間もなく火種ができそうだ！　うわ！　また紐が切れた！！！

　気づけばもう3時間が経過。さすがに心も身体も折れてきました。気分転換にちょっと散歩をします。立ち止まってふと側にあった木を見ると……長さ2メートルほどの紐（パラシュートコード）が木に引っかかってるじゃないですか。なんという誘惑！　誰かが撤収し忘れたのでしょう。日も暮れはじめもう間もなくタイムリミットだし……心の弱い私は、その紐を使ってみました。一発で火が点きました。あまりにも簡単に成功してしまい、嬉しいような、悲しいような、不思議な気分にしばし浸りました。その日の学びが、理屈というよりイメージで押し寄せてきました。

　もっと強い紐を作る必要性や、紐に負担のかからない道具の調整など、技術的な学びがまずひとつ。もうひとつの学びは、文明の利器である強い紐を使ったことで失われる、デリケートな自然との戯れがあるということ。

　蔓で編んだ紐は切れやすく、棒に巻きつけて回す際に、なるべく負担がかからないように、それでいてしっかりと巻き付くよう、きめ細かく張りを調整します。ハンドルの持ち方、上から押さえる力加減、紐どうしが摩擦しないフォーム、窪み穴の調整など、それらすべての

144

繊細な「気遣い」と、それに伴った身体の細かい使い方などを、その紐1本が不要にしてしまうのです。これがサバイバルな状況だったとしたら？　もしパラシュートコードがなかったとしたら？　自分の「命」をつなぐために、本当にデリケートなその「気遣い」をし続ける以外に、火をおこす＝生き残る方法はありません。そして、その「気遣い」は、森に入った時からはじまっていたのかもしれません。そう、あの恐る恐るモードも、「自然」に対して、そして同時に「自分」に対してのきめ細かな「気遣い」だったのでは？

　繊細に気を遣い、敏感に感覚を働かせ、自然の波長とリズムに身体の動きを合わせながら「生きる」ために動く。それらがすべて兼ね備わると、「命」という最高の報酬がもらえる。この日の出来事をすごく格好良くまとめると、こんな感じになるのでしょうか？　いや、たとえそれが「成功」しなくとも、「生きる」という根源的な目的で自然と戯れる時のその感覚自体が、報酬なのかもしれません。

「今日は死ぬのにもってこいの日」

　火おこしが成功しなくて、生き延びられなかった。だけどなんて素晴らしい日だろう！　もしかしたらそんな心境でしょうか？　私が常に気になっているネイティヴアメリカンのこの言葉。その意味を解ったというよりも、感じることができた、忘れられない1日となりました。

食べる

食べることは生きること。
だから、食べることはスリリング。
古来の食料保存の方法に学び、
自然を「眺める風景」から
「生きるための栄養源」に変えてみよう。

31 摘み草をして春の小川の「道草」を食べてみよう

藤原祥弘 | エディター・ライター　　　体験した ☑ DATE:

　暖かい春の日に河川敷に出かけると、ビニール袋とスコップを持った人が何やら収穫しているのを目にします。彼らが楽しんでいるのが「摘み草」。食べられる野草を、原っぱのなかから探し出しているのです。

　野草といっても伸びたばかりの新芽は売られている野菜に負けない風味。「野趣あふれる」とはまさにこのこと。摘んだ草をちょっとずつかじりながら、どんな料理に仕立てようかと考えるのは、摘み草をする人だけが知る楽しみです。

　摘み草に適しているのは、しっかりとした土の土手。適度に草刈りがされている河川敷なら、散歩のついでに目を光らせるだけで、何種類もの食べられる草を見つけられるでしょう。

TIME 3 HOUR

STEP 4 STEPS

LEVEL MEDIUM

準備するもの
スコップ
ビニール袋

STEP 1 春の小川に出かける

摘み草の入門に向いているのは、小川の河川敷。石がちな川よりも、土の土手がある川のほうが種類も多く、株も太めです。流れている水がきれいであれば、クレソンのような水辺の野草も採集できます。

必要な道具はスコップ1本とビニール袋数枚。土手の土は以外と硬いこともあるので、スコップは丈夫なものを用意しましょう。

収穫したものは種類ごとに袋を分けると、食べる前の処理が楽になります。

スコップは幅が狭いものが使いやすい

STEP 2 収穫する

河川敷に生えている野草には、(1) 食べておいしいもの (2) おいしくないけど毒はないもの (3) 毒があるものの3種類に大別できます。(1) のつもりで (2) を採るぶんには、「おいしくなかった」ですみますが、間違えて毒があるものを食べたら大変！ 「食べても絶対に大丈夫」とわかるものだけを収穫しましょう。食べられる野草の図鑑は数多くありますが、図鑑だけでは同定しづらいもの。まったくの初心者は地域の自然観察会に参加して、食べられる草を少しずつ覚えるのがよいでしょう。

「摘み草」のコツとマナーは「いろんな場所から少しずつ」。食べごろの株が群生していても根こそぎにはせず、群落から2つ3つ食べごろの部分を採るのがマナー。こうすると株にダメージが残らず、来年以降も摘み草を楽しませてくれます。また、おいしい部分を厳選することにもつながります。

ノビルのような、太い株と小さい株が混生するような草は、太いものをより分けたら、小さいものは埋め戻しておきましょう。

採った草はまずは匂いをかいで記憶

群落から少しずつ摘む

触ったり目で見て太い株を選ぶ

CHAPTER 4 ／ 食べる　149

STEP 3 まず覚えたい5種類

　日本の低地の河川敷でよく見つかるのがタネツケバナ、セイヨウカラシナ、ノビル、クレソン（オランダガラシ）、ミツバの5種。
　ノビルとセイヨウカラシナは日向、ミツバとタネツケバナはちょっと水気のある場所、クレソンは水際で見つけることができます。これらの5種類は生や、さっとゆがくだけで食べることができ、下ごしらえが面倒でないことも魅力。資源量も比較的豊富です。

左から①タネツケバナ②セイヨウカラシナ③ノビル④クレソン⑤ミツバ。緑が鮮やかで、柔らかい部分を摘み取ろう

STEP 4 野草を食べよう！

　農薬こそかかっていることは少ないものの、都市近郊の河川敷に生える草には、鳥の糞や犬のオシッコなどがかかっているかもしれません。収穫物は泥や汚れをはらったあとに念入りに流水で洗いましょう。
　草それぞれの本来の味を楽しむなら、加熱やドレッシングは最小限に。さっと湯がく、あるいは生のままで食べると草の個性が引き立ち、味を覚えておけば同定の一助になります。右の写真はクレソンとタネツケバナとミツバをベーコンと合わせてサラダに、ノビルとセイヨウカラシナは湯通ししてそれぞれ酢味噌とみりんでのばした味噌を合わせました。野草は野菜に比べてアクが強いものもあるので、一度に大量に食べないようにしましょう。

上：念入りに洗おう
下：あわせ味噌でいただく

まとめ　摘み草の魅力は、それまでは風景の一部だった「ただの草」を急に「食べ物」に変えてくれること。食べられる草を少しずつ覚えていけば、自分の家の周りが食べ物で満ちあふれていたことに気づくでしょう。
　摘み草には食べられる草だけでなく、食べられない草や毒のある草にも興味を向ける効果があり、植物の名前を覚えるきっかけにもなるでしょう。

32 糖化を利用して野菜と麹のジャムを味わおう

宮原 悠 | 農園プランナー・発酵クリエイター

体験した ☐ DATE:

　生き物が活動するためのエネルギー、その基本物質は糖分です。糖分の多くは、自然界ではデンプン（炭水化物＝糖質）として存在します。デンプンを摂取するとそれを分解する消化酵素が出て、糖分に変換＝糖化が起こります。植物の種子であるお米や麦なども、発芽の瞬間に酵素を出し、自らのデンプンを分解しエネルギーに変えます。
　この酵素と糖化の働きを利用すると、いつも食べている野菜をより甘くすることができます。つまり、原料を変えずに味わいを変化できるのです。糖化の働きを利用した野菜ジャムを作って、糖化のちからを楽しくおいしく体験しましょう。

TIME 24 HOUR

STEP 3 STEPS

LEVEL MEDIUM

準備するもの
さつまいも …… 150g
水 …… 300cc
乾燥米麹 …… 100g
温度計
水筒（容量600cc以上、6時間以上保温できるもの）
保存瓶

CHAPTER 4 / 食べる　151

STEP 1 酵素と糖化の働きについて

野菜×麹ジャム作りの前に、酵素と糖化の働きを少し説明します。味噌や甘酒を作る時など、食べ物を発酵させるときに大活躍するのが麹。麹にはα-アミラーゼという酵素がたくさん含まれています。

つまり、デンプンを多く含んだ野菜に、酵素をたくさん含んだ麹を加えることで糖化が起こります。今回のジャム作りではさつまいもを使います。ほかに、じゃがいも、栗、かぼちゃなどもデンプンを多く含むのでおすすめです。

上：α-アミラーゼを多く含む麹
下：デンプンを多く含んだ野菜

STEP 2 糖化させよう

しっかり蒸したさつまいも(150g)をミキサーなどでペースト状にし、鍋に移します。ポイントは温度管理。さつまいもペーストが60℃以下に下がったら、水(300cc)を加えます。再び加熱して60℃になったところで火を止め、麹(100g)を加えよく混ぜます。十分混ざったら水筒に移し一晩寝かせます。これでさつまいもの甘酒が完成です。

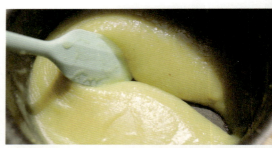

上：ペースト状になるまで練る
中：水、麹の順番で加える
下：水筒で寝かせる

STEP 3 煮詰めて仕上げ

一晩寝かせたさつまいもの甘酒を鍋に移し、弱〜中火で煮詰めます。木ベラなどでよく混ぜ、焦げないよう注意します。30分から1時間ほど煮詰めると、粘り気がでてきます。時折火を止めて粘り気を確かめましょう。とろみがつくまで煮詰めたら完成です。

熱いうちに保存瓶に移し、粗熱が取れたら冷蔵庫で保管します。糖分は天然の防腐剤。糖度が高いほど日持ちします。2週間ほどを目安に食べきりましょう。

酵素が作りだす糖は麦芽糖といって、砂糖（＝ショ糖）とは種類が違います。野菜×麹ジャムは、麦芽糖の働きで口の中でゆっくり広がる爽やかな甘みが特徴です。

さつまいもの甘酒を煮詰める

まとめ

酵素と糖化の働きは科学の基本的な知識です。科学技術が発達するはるか昔から、私たち人間は生きるためにこうした知恵と技術を経験から見つけ出し利用してきました。野菜と麹のジャム作りのように遊び心を持って、古来からの素晴らしい暮らしの知恵に触れてみましょう。

野菜と麹のジャムが完成！外で食べると格別のおいしさ！

33 ドングリからデンプンをとって「ドングリもち」を食べよう

藤原祥弘 | エディター・ライター　　　　　体験した ☑ DATE:

　日本人なら誰でも、子どもの頃にドングリを拾った経験があるのではないでしょうか。このドングリ、時代をほんの少し遡れば、私たち日本人を支える貴重な食料の1つでした。子どもたちが夢中でドングリを拾うのは、数千年にもわたって代々ドングリを拾い続けた記憶がどこかに残っているからかもしれません。ドングリは栄養面から見てもなかなかのもの。水を使って精製すれば、片栗粉のようなデンプンを取り出せます。ドングリから取り出せるデンプンの比率たるや、なんと殻つきの実の重さの1～3割にものぼります。取り出したデンプンはお菓子や料理に使えます。一度ドングリからデンプンを作ってみれば、きっとドングリが食べ物に見えてくるはず。ドングリ拾いは都会でも楽しめる狩猟採集です！

TIME　24 HOUR

STEP　8 STEPS

LEVEL　HARD

準備するもの

- ドングリ …… 適量
- ビニール袋 …… 数枚
- くるみ割り器
- ボウル …… 数個
- ミキサー
- バット
- はかり
- 茶こし
- サラシ
- 砂糖
- 大豆きなこ
- 黒蜜

STEP 1 ドングリを拾う

　ドングリはどんな場所でも拾えます。神社ならスダジイやカシ類、雑木林ならコナラやクヌギ、奥山ではブナなどのドングリに出会えます。どのドングリもデンプンがたくさん含まれていますが、樹種ごとに大きく異なるのが「アク」の量。アクの正体はタンニンという渋み成分。ブナやスダジイは炒っただけでも実を食べられるのですが、そのほかのほとんどのドングリはアクが多く、手をかけないと食べることができません。また、ドングリを食べるうえで、一番大変な作業が殻剥きです。硬い殻を割って中身を取り出すのですが、大きな実でも小さな実でも、殻剥きの手間は同じ。つまり、食べやすいドングリは「アクが少なく、実が大きい」種類ということになります。この条件を満たすのが「マテバシイ」。暖地に生えるシイの仲間で、公園や街路でも見られる最も身近なドングリの木です。マテバシイが実を落とすのは9〜10月。時間が経つと乾燥やカビなどで変質しやすく、落ちてすぐのものが加工に向いています。

STEP 2 ドングリの殻をむく

　ドングリからデンプンを取り出す上で、最も大変かつ面倒なのがドングリの殻剥き。市販のくるみ割り器やペンチなどで殻を割って中身を取り出しましょう。殻の内側にある渋皮には、その名の通りタンニンが含まれていますが、渋皮を剥がすのはひと苦労。次の作業で渋皮も取り除けるので、ここでは殻だけを外しましょう。実を割ってみて、中身が変色しているものは食用に向かないので、この段階で取り除きます。

くるみ割り器やペンチで割っていこう

マテバシイは大量に拾えてアクも少ない

STEP 3　ミキサーにかける

　殻を剥いたマテバシイをミキサーに入れ、適量の水を入れて砕きます。実を砕くことでデンプンを取り出しやすくなり、またアクの成分のタンニンも除去しやすくなります。取り出せるデンプンの量に影響するので、できるだけ細かく砕きましょう。

できるだけ細かくする

STEP 4　サラシを使って濾す

　砕いた実はサラシなどの目の細かい布に包んで、水を張ったボウルの中で揉みしごきます。するとサラシからは白濁した液体が流れ出してきます。この白いものがデンプンです。何度か揉みしごくうちに、ムニュムニュとしていた内容物の質感が、ザラザラとしてきます。これはデンプンが水に溶け出した目印。最後にきつく絞ったら、デンプンの抽出の終了です。

しっかり揉んでデンプンを抽出する

STEP 5　沈殿させる

　サラシから濾し取ったデンプン入りの水を数時間静置しておくと、ボウルの底にデンプンが溜まり、上澄み液に茶色く色がつきます。この茶色の素がアクの主成分であるタンニン。タンニンは水溶性なので、沈殿させている上澄み液に溶け出します。そのため、デンプンと上澄み液が分かれたら上澄み液を捨てることでアクを取り除けます。上澄み液を捨てたら新しい水を入れて攪拌し、再びデンプンを沈殿させます。上澄み液の茶色い色がなくなるまでこの作業を繰り返します。

下に溜まっているのがデンプン

STEP 6 デンプンを乾かす

攪拌しても上澄み液に色が出なくなったらアクの除去が終了。最後の上澄み液を捨てたら、ボウルの底に残ったデンプンをバットなどに薄く広げ、ホコリが入らない場所で干して水分を飛ばします。バットの底のデンプンが乾いて、ヒビが入ってきたら細かく砕いてから目の細かいふるいや茶漉しなどを通して粉状にします。この状態からさらに水気を飛ばしたらドングリデンプンの完成。瓶などに保存しておけば、数年単位で保存が可能です。ドングリデンプンは片栗粉と同じように使えるので、唐揚げの衣や料理のとろみづけなどにも活躍します。

作り出したデンプンの粉

STEP 7 ドングリもち その1 デンプンを鍋で煮る

ドングリデンプンから簡単に作ることができ、ドングリの風味も味わいやすいのが「ドングリもち」。デンプンに少量の砂糖を加えて水から煮て冷やし固めます。材料の比率はドングリデンプンの重さに対して水は8倍、砂糖は0.3倍が基本です。

デンプンと砂糖を合わせて鍋に入れたら、水を注いで弱火で加熱し、焦げつかないようにへらで混ぜ続けます。あるタイミングでデンプンの糊化（白濁していた液に透明感が出て、粘度が高くなる）がはじまるので、糊化から数分後まで加熱し、そのあとバットなどに移して熱をとり、冷やし固めます。

上：焦げつかないように混ぜる。粘度を確認しておこう
下：すくった際の粘度が変わった時がポイント

CHAPTER 4 / 食べる 157

STEP 8　ドングリもち その2
きなこをからめて蜜をかける

　糊化したドングリデンプンは、冷えるとプルプルとしたゼリー状に固まります。固まったらナイフなどでさいの目に切り、きなこをまぶして器に盛りつけて黒蜜をかけていただきましょう。

まとめ

　縄文時代の遺跡からはドングリの加工に使われた道具や炭化したドングリがたくさん出てきます。ドングリ食は縄文時代に全盛期を迎え、地域よっては、つい数十年前まで食べられ続けてきました。ドングリは、私たち日本人の命をつないできた食物なのです。野山から食物を得ようとすると、道具の用意から技術の習得までひと苦労しますが、ドングリ拾いなら誰でも簡単に楽しめます。デンプンの精製は少量でも行えるので、公園や道端でドングリを拾ったらぜひデンプンづくりに挑戦してください。きっと、身近なドングリが「食べ物」に見えてくるはずです。

34 季節を感じ 紅葉(もみじ)を食べてみよう

日々野鮎美 | 27歳 会社員　　　　　　　　　　　体験した ☐ DATE:＿＿＿＿＿

©信濃川日出雄／新潮社

　どんなに自然が大好きでも山に行けない時もある……。でも、いつも季節は感じていたいですよね。たとえば、食事に旬の食材を取り入れるのは、季節を楽しむひとつの手段。ここでは、秋の紅葉を天ぷらにして食べてみたいと思います。日本人は、「食」に対する好奇心や、探究心が強い民族だと言われています。「旬の食材」ともいうように、四季折々の季節の食材を楽しんだり、渋みや苦み、酸味や臭みといった味覚を楽しんでいるのも日本人の特徴だとか。学びの基本は好奇心にあり！　季節を発見する意識を持ち、葉が紅葉した色や模様、かたちも観察しながら、モミジを食材としてハンティングしてみましょう。

※『山と食欲と私』（信濃川日出雄著／新潮社発行）2巻収録 第15話「もみじの天ぷら」を元に再構成しています。

TIME　6 HOUR

STEP　5 STEPS

LEVEL　MEDIUM

準備するもの
クリアファイル（葉を挟んで持ち帰るもの）
ビニール袋

調理に使うもの
キッチンペーパー
モミジ（食べたいだけ）
天ぷら粉
油

CHAPTER 4　／　食べる　　159

STEP 1 「食べる」視点で紅葉を調べる

まずは「食べる」視点で、モミジについて、インターネットで調べてみます。日本には20種類以上のモミジ（カエデ）が自生していて、目立った毒性はないため、少量を食べるだけなら、健康上には問題はないのだとか。色合いや食感を活かし、季節を味わう天ぷらとして振舞われることは多いようです。

STEP 2 紅葉を探しに行く

モミジは、学校や公園など、身近なところでも見つけられますが、殺虫剤などが散布されていることがあるので、できるだけ郊外や自然の中の、空気や土がきれいなところに探しに行くのがおすすめ！

採取できる場所についたら、まずはいろいろな葉っぱの、色やかたちをじっくりと観察して、秋を全身で感じましょう。

STEP 3 紅葉をハンティングする

モミジは、ほどよく色づき、まだ枝についたものを選んで集めます。枝から落ちて乾燥したものだと硬くなってしまうので、できるだけ新鮮なものを選びましょう。せっかく集めたきれいなモミジは、本やクリアファイルに挟んで持ち帰ると安心です。

STEP 4 よく洗い調理する

持ち帰ったモミジを調理します。はじめに、葉を傷つけないように優しく丁寧に水で洗い、キッチンペーパーに挟んで水気をしっかり取ります。次に、シソなどの葉物を天ぷらにする要領で、衣をつけて、1枚ずつ油で揚げていきます。このとき、食べるときに色が楽しめるように、衣は薄くつけるのがポイントです！

STEP 5 紅葉を食べてみる

できたての天ぷらをいよいよ実食。まずは、何も味つけせずそのまま食べ、素材の風味を楽しみます。そのあと、シンプルに塩で食べてみましょう。

まとめ

食材をスーパーで買うのもよいですが、その時期の自然の恵みを自分で採って食べるのは格別です。食材が季節のものであれば、その季節を楽しむ新しい体験につながります。季節を目で楽しむ、触って楽しむ、食べて楽しむ。外へ出かけ、季節を五感で楽しみましょう！

CHAPTER 4 / 食べる

35 焚き火を使って「干し肉」を作ろう

藤原祥弘 | エディター・ライター　　　　　　体験した ☑ DATE:

　人は昔も今も、食物の保存に工夫をこらしています。現代の保存方法の代表格が冷蔵庫。温度を下げて雑菌の繁殖を抑えることで、食物を腐りづらくしています。それでは、冷蔵庫がない時代は食物をどのように保存していたのでしょうか？　方法はいくつかありますが、野外活動を楽しみながらできるのが、食物に塩分を加えて、いぶして干し上げる方法です。細菌が食物を分解するには水分と適度な温度が必要ですが、塩分を加えて煙でいぶして干すと、菌の繁殖しにくい状況を作れます。食物から水分を抜き、煙によって雑菌の活動を妨げる物質を加えることで菌の繁殖を抑えるのです。これは誰でも手軽にできる保存食の作り方。狩猟採集の時代から伝わる保存食作りに挑戦してみましょう。

TIME 24 HOUR

STEP 6 STEPS

LEVEL MEDIUM

準備するもの

とり胸肉 …… 適宜
醤油 …… 適宜
砂糖 …… 適宜
ニンニク・ショウガ・コショウ
ストックバック
魚干し網
木の枝（三脚用）…… 数本
木綿ロープ（または 鎖）
薪

醤油、砂糖、香辛料、とり胸肉

皮を取り除き短冊状に

STEP 1 材料を用意し、下処理をする

　干し肉に適しているのは脂身の少ない肉。脂身が多いと油が酸化して風味を損ねます。とり胸肉から皮と脂身を取り除き、短冊状に細切りにします。

STEP 2 下味をつける

　細切りにした肉を醤油と砂糖、ニンニクとショウガのすりおろし汁、コショウを合わせた液に漬け、ストックバックに入れて一晩冷蔵庫で保存します。雑菌の繁殖を避けるため、肉の処理は清潔な道具を使いすばやく行いましょう。手指はよく洗い、包丁やまな板などの器具も消毒しておきます。

ストックバックで空気を入れないように冷蔵庫へ

STEP 3 表面を乾かす

　液を浸み込ませたら、金網などに広げてラップをせずに冷蔵庫へ。半日ほど風を当てて表面の水分を飛ばします。

裏面も乾くよう、金網などを利用

STEP 4 焚き火で乾かしつついぶす

木の枝を組み合わせて三脚を作り、そこに木綿のロープか鎖を数周巻きつけます。このロープに短冊状にした肉をかけ、その下で焚き火をおこして肉を乾かしながらいぶします。燃料に向いているのは広葉樹。燻製作りによく使われるサクラやクルミ、ナラは風味豊かに仕上がります。針葉樹などのヤニの強い木は、渋みがつくので避けましょう。

薪はきれいに燃焼させると煙が出ないうえ肉に火が通り過ぎてしまうので、適度にくすぶらせながら、肉を乾かしましょう。

軽く肉に火が通って、表面が乾いて茶色くなるまでいぶします。この状態で食べても十分美味しいのですが、ちょっとつまみ食いをするときはしっかりと肉に火を通してからいただきましょう。

風で煙が流れてしまう場合は板状のもので衝立をして、肉に煙がかかるようにするとよい

STEP 5 肉を干し上げる

焚き火である程度水分を飛ばしたら、今度は魚干し網に重ならないように並べ、風に当てて干し上げます。

作るのに向いている季節は湿度と気温の低い冬季。よく晴れた冬の日であれば、2日ほどでカラカラに干し上がるでしょう。完全に乾いたらストックバックに乾燥剤と一緒に入れて冷蔵庫で保存します。

湿度が高く、暖かい時期になると肉が乾く前に肉についていた雑菌が繁殖する危険性が高まります。

干し肉を作るときは気温と湿度にも注意が必要です。

魚干し網で自然乾燥させる

焚き火でいぶし、軽く火を通した干し肉とはいえ食中毒の危険がまったくないわけではない。食べる前には必ず匂いを嗅いで変な匂いがしないか確かめ、加熱してから食べよう

STEP 6 肉を食べる

　肉類は種類を問わず、食べる前に必ず加熱することが推奨されています。生食する文化があるとり肉も同様です。どんなに鮮度のよいとり肉を使っても、とり肉には食中毒を起こす原虫や雑菌が付着しえるからです。

　干し肉を食べる際は水で戻してからスープや炊き込み御飯などの加熱する料理に使いましょう。生では旨味の弱い胸肉も、下味をつけて干すことによって旨味が凝縮され、ベーコンやホタテの貝柱のような味と食感に変わります。

まとめ

保存食が活躍するのは無電化地帯だけではありません。自然災害への備えとしても、保存食は有効です。私たちの食卓は、冷蔵庫と電気があることが前提になっています。しかし、電気がなくなれば冷蔵庫もただの大きな箱。中の食物も数日でだめになってしまうでしょう。その点、保存食は電気がなくても数週間から数ヶ月間腐りません。大きな自然災害が他人事ではない日本で、干し肉のような日もちがする食料の作り方を身につけ、またそれを保存しておくことは大きな安心感を与えてくれるでしょう。

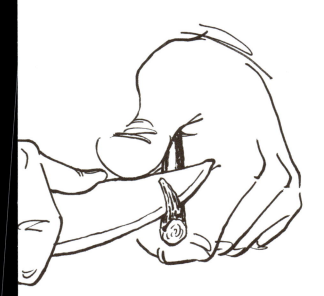

身につける

自然と一体になることを体感し、
時に、自分の身を守ることにも役立つ技術。
道具ではなく技術を身につけよう。

36 ペグ作りで ナイフの基本を身につけよう

川口 拓 | WILD AND NATIVE 代表・Japan Bushcraft School 校長

体験した ☑ DATE:

　できる限りコンパクトな装備で、衣食住に必要な道具や環境を野外で作る遊び「ブッシュクラフト」。欠かせない道具の筆頭といえばナイフです。でも、どうやって使い始めていいのかわからないという声も。
　そこで、タープシェルターやテントを張るときに必要なペグを作って、基本的なナイフの使い方を身につけましょう。ナイフはなるべく身体の中心付近で、無駄な力を入れずに作業するとうまく使えます。焚き火にあたりながら作業するのもいいものです。とにかく楽しんで、自由にナイフを使ってみましょう。時折手を休め、リラックスし、自然の音に耳を傾けると、不思議と怪我をしないものです。子どもは大人と一緒に体験しましょう。

準備するもの
ナイフ
木の枝、製材などの丸棒
木の枝などのバトン（叩き棒）

TIME
STEP
LEVEL HARD

STEP 1 ナイフの安全な扱い方（ナイフセーフティ）

使い方さえ間違えなければ強い味方となるナイフ。安全のため以下の点に注意しましょう。

ナイフを鞘から抜き差しする時は、ゆっくり抜いてゆっくり戻すこと。使わない時はそのままにせず、たとえ数秒でも必ず鞘に戻すこと。使用している間は絶対にナイフから目を離さない。刃の延長線上に自分や他の人の体を置かず、人とは距離をとって使う。座って使う時は、腿の内側をナイフがかすめないよう、トライアングルゾーンの外で作業します。体をひねって横で使うのもよいです。必要に応じて手袋を着用しましょう。そして、ゆったりとしたペースと気持ちで使うことを心がけましょう。

STEP 2 レギュラーグリップで切り込みを入れて、丸棒を折る

木の枝などの丸棒を用意します。杉など柔らかい材がはじめはおすすめ。のこぎりは使わずにナイフで適度な長さにカットします。右の写真Cのように基本となるレギュラーグリップでナイフを握り、カットしたい部分にナイフをあて、45°程の角度を意識してスライドさせ切り込みます。ナイフを抜いて反対側からも同じように切り込みを入れると、V字型の切り込み（Vノッチ）ができます（写真D）。この工程を繰り返し深さ5mmくらいのノッチに仕上げます。ナイフの刃は持ち手にもっとも近い部分を使うことを心がけましょう。ぐるりと一周Vノッチを入れます。繰り返し切り込みを入れて写真Eのように半分以下くらいの太さになったら、膝に押し当てテコの原理を使って丸棒を折ります。

A

B

C

D

E

A：トライアングルゾーンの外で使う
B：ここがトライアングルゾーン
C：レギュラーグリップの握り方
D：V字型の切り込み（Vノッチ）
E：切り込みが一周し折りやすい細さに

CHAPTER 5 ／ 身につける　169

STEP 3 サイドグリップで平らに削ろう

　丸棒の一端をナイフで平らに削り、縁を削り落として面取りをします。これはペグをハンマーなどで叩いたときに確実に力が伝わるようにするためです。右の写真Fのように今度はサイドグリップでナイフを握ります。レギュラーグリップの変形で、刃の横腹に親指を添えます。サイドグリップで握ったナイフを左胸辺りに密着させ、棒を左手に持って面取りをします。ナイフを持つ方の手はほぼ固定させて、棒を持っている方の手をメインに動かして削ります。尾根を少しずつ削り落とすと、しだいに平らに仕上がります。

STEP 4 バトニングでストップカットを入れよう

　ペグに巻きつけた紐がペグから抜けないよう、ラッチノッチと呼ばれる切り込みを入れます。まずは、ナイフの背を木の枝など（バトン）で叩いて使うバトニングというテクニックで、STEP3で準備した丸棒にストップカットを入れます。

　丸棒の面取りした端3cmくらいのところに、ナイフの刃を直角にあて、刃が深さ5mm程度に食い込むまで何度か叩きます。

　ナイフは自分に対して平行に。バトンはナイフの真上から叩くとナイフの刃に負担がかかりません。地面に直接置いて叩くと、地面に当たって刃がかけてしまう危険があるので平らな木などの土台に乗せて作業しましょう。

F：サイドグリップの握り方
G：ナイフを固定し、面を取る
H：バトニングで切り込みを入れる
I：しっかりできたストップカット

STEP 5 パワーカットで ラッチノッチを入れよう

STEP4でできたストップカットを利用して、ラッチノッチを入れます。ここでは、パワーカットと呼ばれるナイフの使い方をしてみましょう。レギュラーグリップでナイフを握って、ストップカットから約1cm手前に刃をあてます（写真J）。手首をこじるように、厚く皮を剥くイメージで、ストップカットに向かって削り込みます。ストップカットがしっかりできていれば、そこでナイフが止まって、半円型の切り込みができます（写真K）。

STEP 6 丸棒の先を尖らせ 皮を剥いて完成！

ペグとして地面に刺すもう一端は尖らせます。いきなりきれいに尖るのは難しいので三段階に分けて削りましょう。丸棒の先4cmくらいを、パワーカットで、なるべく分厚く、皮を剥くように、ぐるりと一周削り取ります（写真L）。削り目を入れたら、削り目の両淵にできた尾根を削り落とすようにするのがコツです。写真Mのように、先を尖らせることを意識して半分から先をさらに細く削ります。最後にでっぱった部分を真っ直ぐに削るときれいに先が尖ります。仕上げに、丸棒全体の皮を剥いて完成です。皮を剥いておくと地面に刺したとき見つけやすいので便利です（写真N）。

J：レギュラーグリップで刃を当てる
K：半円型の切り込みができれば完成
L：分厚く削っていこう
M：鉛筆を削る要領で
N：丸棒全体の皮を剥ぐ

まとめ　いきなり全行程を行うのが難しければ、少しずつ練習してみましょう。握り方や使い方も無理にすべてのグリップやテクニックを使う必要はありません。ナイフの使い方の基本を身につけると、外遊びの時はもちろんのこと、緊急時には自分の身を守る技術としても役立ちます。

37 ナイフ1本で火起こし きりもみ式発火を身につけよう

藤原祥弘 ｜ エディター・ライター　　　　　体験した ☑ DATE:

　野外活動の原点である焚き火。体を温め、光を提供し、料理の熱源となる焚き火はアウトドアでは欠くことのできない道具のひとつです。数泊のキャンプに出かけるとき、ライターを持たずに向かう人はいないでしょう。しかし、その肝心のライターを忘れたり、使えなくしてしまったなら──？　そんなときに、身につけておくと役立つのが摩擦式発火法。火が起きる理屈と火を起こすのに必要な素材さえ知っていれば、ナイフ1本で火を起こすのはそれほど難しいことではありません。

TIME

STEP

LEVEL

準備するもの

ナイフ（刃渡り10〜15cm）
厚手の枯葉 …… 2枚以上
針葉樹の枝（直径4cm程度）…… 1本
まっすぐな棒（長さ1m、直径1cm程度）…… 1本
枯れ草（極細の繊維質のもの）…… ひとつかみ
小枝（径2〜10mm）…… ひとつかみ

STEP 1 野山を歩いて素材を集める

　火起こしをする上で、絶対に必要な道具がナイフ。刃渡りが10〜15cm程度でよく研がれているものが扱いやすいでしょう。集めるべき素材は、小枝、繊維質の枯れ草、まっすぐな棒、針葉樹の枝、厚手の枯葉、の5つのアイテム（172ページ「準備するもの」を参照）。これらは、どれもよく乾いていることが重要です。

左から小枝、繊維質の枯れ草、まっすぐな棒、針葉樹の枝、厚手の枯葉、ナイフ

STEP 2 「火きりぎね」を作る

　「火きりぎね」とはSTEP1で紹介した「長さ1m、直径1cm程度のまっすぐな棒」のこと。この棒を次のステップで紹介する「火きりうす」とこすり合わせることで、摩擦熱で火を起こします。

　しかし、野山でまっすぐな棒を見つけるのは至難の技。乾いた木の枝で、長さ1mでまっすぐなものはまず見つかりません。そこで探すべきは足元。草に目をやるとどうでしょうか。中心に1本まっすぐな茎が立ち、そこから小枝が分かれている枯れ草が見つかるはずです。

　郊外や低山で見られる植物では、ヨモギの仲間やセイタカアワダチソウなどが火きりぎねに向いています。山や川べりではアジサイの仲間やウツギなどの仲間が火きりぎねになりえます。これらの植物から乾いているものを見つけだし、ナイフで小枝を払って火きりぎねを作ります。

上：まっすぐな茎がある枯れ草がベスト
下：小枝を払って火きりぎねを作る

CHAPTER 5 ／ 身につける　173

STEP 3 「火きりうす」の板を作る

　火きりうすは火きりぎねと摩擦するための板。材の表面に爪を押し当ててみて、跡がつく程度の硬さで木目が粗い材が向いています。日本の野山にある木の中では、スギやヒノキなどの針葉樹が向いています。

　板といっても、自然のなかには板は落ちていないので円筒形の枝を両側から削り出して、1cm程度の厚みの板を作り出しましょう。

　この際、材料の枝は地面に落ちているものではなく、立ち枯れているものを選びます。立ち枯れの枝は水を含みづらいのでよく乾いており、また菌類によって腐っていないので火が起きやすいのです。

上：立ち枯れている枝を探す
下：ナイフで板を作る

STEP 4 「火きりうす」に切り欠きを作る

　板状に削り出したら端から1.5cm程度のところにナイフの切っ先で直径2cm程度の皿状のくぼみを作り、くぼみの中心に向かって三角形の切り欠きをナイフで作ります。

　最初に皿状のくぼみを作ったら、火きりぎねを当てて何度か回転させ、円形の跡を作ります。続けて、円の中心から1mm程度外側に頂点がくるようにして三角形の切り欠きを作ります。三角形の切り欠きの角度は小さくても大きくてもうまくいきません。写真の角度を参考にしてください。

上：三角形の切り欠きを作る
下：完成した切り欠き

STEP 5 きりもみ式発火を開始

地面に厚手の葉を敷いたら、その上に火きりうすを置き、火きりうすのくぼみに火きりぎねをはめて摩擦を開始します。摩擦にあたっては、火きりぎねの上部を両手で挟み、両手を前後させて火きりぎねを回転させます。

回転とともに、重要なのが上側からの圧迫。回転させつつ体重を上からかけることで、強い摩擦熱が生まれます。回転を繰り返していると次第に手が火きりうすに近づいていくので、下部まで下りきったらすかさず上部へと戻り、摩擦を繰り返しましょう。

上：足を乗せて固定しよう
下：火きりぎねの位置がぶれないように両手ではさみ、回転させる

STEP 6 火種の誕生

摩擦を繰り返しているうちに、火きりうすの切り欠きからは焦げ茶色の削り粉が排出され、少しずつ葉の上に溜まってきます。それとともに摩擦面からは煙が立ち上りはじめます。削り粉が焦げ茶色から黒色になり、摩擦面ではなく削り粉から煙が出たら火種の誕生。赤い火種の直径が5mmほどに育つのを待って、「火口(ほくち)」の中心へ落とし込みます。

上：削り粉から切れ目なく煙が出たら火種が誕生
下：火種を崩さないようにして大きくなるのを待つ

CHAPTER 5 ／ 身につける　175

STEP 7 発火させる

　火口となるのは、拾っておいた極細の枯れ草。これを鳥の巣のような形にまとめ、中心のくぼみに火種を落としこみます。

　火種を入れたら火口を閉じ、両手で包んで外側から軽く圧力をかけましょう。こうすることで火種へと燃料を供給し、冷たい外気と遮断することで中心部を発火に必要な温度にまで高めます。この時点では酸素はそれほど必要ではなく、中心部の保温の方が重要です。手のひらに熱を感じ始めたら、今度は酸素が必要な段階。少しだけ火口を開いて、中心部に向けて息を吹き込みます。次第に煙の量が多くなり、あるタイミングで火口がボワっと発火します。

火種を中心に入れたら火口を閉じよう

両手で包み、軽く圧力をかけ息を吹き込む

⚠ 勢いよく発火するのでやけどにじゅうぶん注意しましょう

STEP 8 小枝に火を移す

　火口が発火したら、あらかじめ組んでおいた小枝の山の下へと火口を入れましょう。火は下から上へと向かうので、小枝を下から熱することで火が小枝へと燃え移ります。小枝に燃え移ったばかりの小さな火は燃え広がる力が弱いので、小枝はなるべく密にするのがコツ。小枝全体に火が回る頃には、太い枝にも火を移せるほど焚き火が安定します。

まとめ

　摩擦式発火は、何もないところから火を生むという点で優れた技術です。また、火が起きるのに必要な3つの要素である「熱」「燃料」「酸素」のコントロールを学べます。生まれたての小さな火は、注意深く扱わないとすぐに消えてしまいます。この火を消さずに安定させられれば、どんな焚き火も操れるようになります。また、火起こしは、焚き火に向かう精神についても教えてくれます。きりもみ式発火を身につけたとき、小さくはじめ、小さく使い、小さく閉じるという、重要な心得が自然と身につきます。

38 タープと2種のロープワークでシェルターを作ろう

川口 拓 | WILD AND NATIVE 代表・Japan Bushcraft School 校長　体験した☐ DATE:

　風に当たらず雨にも濡れない空間を設けることは、体温を保持するための必須条件です。自然のなかで体温を保持し身を守るシェルター（宿）を作ってみましょう。ブッシュクラフトでは、テントより、タープを使ったシェルターを設けるのが一般的です。テントのように壁で全方向を囲われていないぶん、冬は寒そうに思われますが、かたわらで焚き火をしてその熱を上手に活用すると、驚くほど温かい空間ができあがります。
　道具を最小限におさえ、ロープワークはたった2種類、そのうえ近所の公園でも練習ができる、そんな身近さを重視したシェルターを作りましょう。親子で近くの公園で、自分達の秘密基地を作る！　そんなワクワクを感じてみましょう。

TIME 2 HOUR

STEP 9 STEPS

LEVEL HARD

準備するもの
2.7 × 2.7mのタープ（またはブルーシート）…… 1枚
ペグ …… 4本
太さ3mmの綿ロープ …… 4m
（金剛打と呼ばれるものがおすすめ）
柱棒（または角材）…… 1本
（座高+50cm、直径6〜7cmの真っ直ぐで丈夫なもの）

CHAPTER 5 / 身につける　177

STEP 1 ロケーションを選ぼう

良いロケーションが見つかれば、シェルターは半分完成したようなもの。実はこのステップがもっとも重要です。

季節ごとに欲しい要素は変わりますが、冬であれば、日当たりがよく、乾いた、風の当たらない、平らな場所を選びましょう。風にも敏感になりましょう。弱い風でもずっと当たっているとじわじわと身体を冷やしてしまいます。落下物や危険な動物の痕跡がある場所、雨が降ったら水たまりになりそうな場所も避けましょう。

STEP 2 タープ（ブルーシート）を広げよう

シェルターを張る場所を決めたら、タープもしくはブルーシートを広げます。シートのおよそ3分の1を内側に折り込んで、グラウンドシート（床）として利用します。ここでは、一片に4つのハトメがあるタープを使用しているので、端から2つ目のハトメの部分を、グラウンドシートの境目としています。

A：枯れ枝にも要注意。太いものだと大きなケガになりかねない
B：ロープ、グラウンドシート、ペグ、柱棒2本
C：端から2つ目のハトメを境にして、内側に折り込む

178

STEP 3 ペグでグラウンドシートと壁の境界部分を止めよう

　グラウンドシート以外のシート部分が、屋根、兼壁となります。境目になる部分のハトメ2箇所にペグを打ち込みます。

　シートが風をさえぎる向きになっているか確認して、ペグを打ちましょう。ペグの角度は力のかかる方向に対して45°くらいを目安に。深く差し込んで、フックだけが地上に出ている状態がベストです。

　折り込んでるシートを突き刺さないよう注意し、ペグとペグのあいだはシートがピンと張るようにしましょう。

STEP 4 ロープでシートと柱棒を結ぼう

　ツーハーフヒッチと呼ばれるロープワークで、シートと柱棒を固定します。右の写真Fを参考に、まずフリーになっているハトメのどちらかにロープを通し、ツーハーフヒッチで、今回は柱棒の自分の座高プラス30cmのところにしっかり固定します。用途に応じて高さは自由に決めましょう。

　ロープがずれ落ちないようしっかり締め、写真Gを参考に結んだハトメを柱までスライドさせます。結び目が固く締まってもすぐに解けるよう、引き解けにしておきましょう。

D：風をさえぎる向きにシートを設置
E：目安は45°くらい
F：ハトメにロープを通す
G：柱までハトメがくるようにスライドさせる

CHAPTER 5 ／ 身につける　179

STEP 5 柱棒を立てペグの位置を決めよう

　写真Hを参考にAとBの辺がピンと張る位置に柱棒を立てます。A、Bのテンションを保ったままロープを引いて、ロープの延長線上で柱棒から適度に離れた位置に3本目のペグを打ち込み固定します。ロープの角度が地面に対して45°くらいになる場所がよいです。地面が硬い場合はペグの位置を決めたらいったんロープを離し、柱を倒してハンマーで打ち込みましょう。

H：AとBのテンションを張る

STEP 6 自在結びでロープをペグに固定する その1

　ペグを打ったら、もう一度柱を立てて、写真HのAとBのテンションをかけたままロープをペグに固定します。金具がなくても張りを調節できる自在結びというロープワークを使います。この作業が完了すると、手を離しても柱が倒れることはありません。

　まず任意の場所にロープを引っ掛けます（写真I）。Aの距離が長いほど調節幅が大きくなるので可能な限り長くとりましょう。距離を離してハーフヒッチを2回します（写真J）。2個目のループの内側にロープを1回巻きつけます（写真K）。

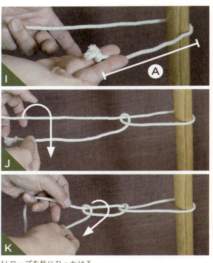

I：ロープを柱にひっかける
J：ハーフヒッチをかける（下図参照）
K：距離を離してハーフヒッチをかける

┃ハーフヒッチの結び方

180

STEP 7 自在結びでロープを ペグに固定する その2

1個目のループの外側にもうひとつハーフヒッチを作ります。きれいに整えてできあがりです。

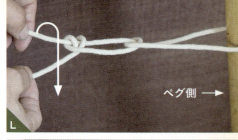

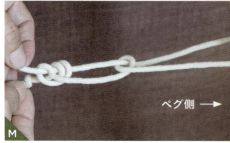

L：ループの外に作ったハーフヒッチを作る
M：整えてできあがり

STEP 8 自在結びでロープを ペグに固定する その3

ロープをペグに固定し、張りを調整します。写真Nの黄色い直線部分はレールの役割を果たします。AとBの結び目をスライドさせて調整しましょう。レールは必ず真っ直ぐに保ちましょう。きつく張りたいときは、Aよりもペグに近いレールを持ち、まずAをスライドさせ、そのあとBの結び目を動かします。ゆるめたいときは、Bよりも柱側のレールをつかみながら、まずBを、そのあとAを動かします。写真Oはペグの切り込みを写すため浅めに打ったものですが、もう少し深いほうが強度が増して理想的です。

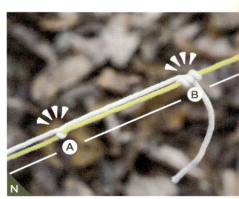

N：レールの役割となるロープ
O：ロープをひっかける

CHAPTER 5 ／ 身につける

STEP 9 最後の一片にペグを打って完成！

　写真Pを参考に、白いラインがピンと張る位置を探してペグを打ちます。これでひとまず完成です。

　枝をシートの内側から立てると、内部のスペースや間口を広くできます。マットを敷いたり、落ち葉をぶら下げたり、ロープに飾りつけをしたり、自由な発想でアレンジするのも楽しいです。

　タープを傷つけないよう、内側から当てる柱の先は平に、滑らかに削ってあげましょう。手袋などを緩衝材に使うのも効果的です。

P：ピンと張る位置にペグを打つ
Q：内側に柱を立てる
R：ちょっとしたアレンジ

まとめ

体温の保持は、サバイバルし、命を守るために、もっとも重要な要素と言われます。ロープワークの種類や必要になる道具の数を最小限におさえたのが今回のシェルター作り。このテクニックを駆使すれば、さまざまな形のシェルターを作れるでしょう。

39 フォックスウォークを身につけて地球と歩こう

川口 拓 | WILD AND NATIVE 代表・Japan Bushcraft School 校長　体験した ☑ DATE:

「大地を歩く時には、自分にとって最も目上にあたる人の上を歩いていると知りなさい。その人の名は『地球』と言います」

　歩くこと、それは、四足動物や人間にとって、最も本能的な動作のひとつです。

　ネイティヴアメリカンの"原始の狩"の技術にも通じる歩き方「フォックスウォーク」をマスターすると、たとえば、道に迷いにくくなる、つまずいたり転びにくくなると言われます。水場を感じたり、乾いた薪を見つけたり、野生のアンテナが敏感になるとも。内面的なアプローチも重視しながら、フォックスウォークを覚えましょう。

TIME　30 MIN
STEP　5 STEPS
LEVEL　EASY

準備するもの
なし

CHAPTER 5 / 身につける　183

STEP 1 大地にしっかり立ち、歩いてみる

　自分が今ここに立っている、大地に根ざしている、ここに在るということに意識を向けます。植物を育み、水を美しくし、無限の恵みを与えてくれる大地。その力をじっくり感じしっかりと立ちます。
　ゆっくりと歩きはじめましょう。大地を見ながら、一歩一歩踏みしめるように歩きます。はじめは平らで安全な場所から。狭い範囲を行ったり来たりするのもOKです。歩幅とスピードは普段の半分以下の感覚で。足を地面に置くときは、摩擦をゼロにする感覚で。足で歩くのではなく、身体で歩くイメージです。そしてとにかくリラックス！

一歩一歩踏みしめよう

STEP 2 毛穴で呼吸しよう

　毛穴のすべてに呼吸機能が備わっていて、息を吸うと毛穴全体からおいしい空気が入ってくる、そんなイメージで深呼吸を繰り返しましょう。慣れてきたら、眼の筋肉を休ませる感覚で、視界全体をボーっと眺めながら、この深呼吸をしてみます。何度か景色を吸い込むうちに、自分の内側もその景色に染まりその場と一体化している感覚になってきます。

STEP 3 毛穴呼吸と融合させて歩く

　身体で歩く感覚をつかめたら毛穴呼吸と融合させます。毛穴全体で呼吸して、360°広がる景色を思いっ切り自分の内側に取り込みましょう。取り込んだ景色と、視界全体に広がる景色を一緒に連れて歩きます。足元は見ずに、地平線全体に視点を置くようにして歩きます。時々地面を見て安全を確認しましょう。

毛穴全体からおいしい空気を吸う

自分のリズムで歩く

360°の景色を確認する

STEP 4 ブッシュクラフトに生かし歩こう

　キャンプサイトを見つける、薪を拾いに行く、野草を探しに行くなど、あらゆる場面でフォックスウォークをしてみましょう。

　10歩に一度くらい自然なタイミングで立ち止まって、360°景色を確認しましょう。特に背後、自分の来た場所を確認すると道に迷いにくくなります。川や風、森の音を肌全体で聞いてみます。そのリズムに合わせることで自然とゆっくりとした動きになります。一歩一歩がゴールの連続というイメージで、目的地を定めずに歩き、視点は、どこかに焦点を絞ったり、全体をぼやっと見たり、自分のリズムで使い分けながら歩きましょう。

STEP 5 「原始の狩」をイメージしよう

　野生動物に至近距離まで近づけたネイティヴアメリカンの「原始の狩」の技術には、フォックスウォークが大きく関わっていました。おしまいに、「原始の狩」をイメージしながら、もう少しテクニカルに自分の気配と森を一体化させるイメージで歩いてみましょう。その場所に溶ける、漂う、透明になる、そんなイメージを大切に歩きます。足元に視線を向けず足裏感覚を使います。リラックスして足を着地させると、足裏の外側の部分が最初に地面に触れます。次に、ゆっくりと足裏の内側へと着地させてから体重をかけます。

　慣れてきたら少し身体を低くして、地面の植生に足が触れない程度に足を高く上げて歩きましょう。何か気配を感じたら立ち止まって、感覚を総動員させてその正体を探ってみましょう。

まとめ 　自然と深く触れ合い、自然の恵みを頼りに生きる人々の歩き方は、現代人のものとは大きく異なります。フォックスウォークは、自分がしっかりとそこに立ち、存在していることを思い出させる遊びでもあります。普段の歩き方にも、取り入れてみましょう。

CHAPTER 5 ／ 身につける　185

40 野生動物と同調する技を身につけて トラッキングをしてみよう

川口 拓 | WILD AND NATIVE 代表・Japan Bushcraft School 校長

体験した ☑ DATE: ＿＿＿＿＿

　トラッキングとは、動物の痕跡を見つけてそれを追っていく、狩りに使われる技術のひとつです。特に原始的な狩りで使われたトラッキングは、追跡術というより、その痕跡の主に同調する術です。古来のトラッカーにならって、このちょっと不思議な世界を体験しましょう。狩りを目的とするのではなく、痕跡を見つけて、その主の気配を感じ、その物語を読み取る。あわよくば野生動物を目撃することもできるかもしれません！　トラッキングは想像力を重視した体験です。自分の分析が合っているのかは気にせず、自由に想像し、遊び、同調を楽しみましょう。

TIME 2 HOUR

STEP 6 STEPS

LEVEL HARD

準備するもの
ノート（またはスケッチブック）
鉛筆、色鉛筆
図鑑やインターネット環境
デジタルカメラ（またはスマートフォン）
メジャー（3mくらいのもの）

STEP 1 追う動物を決める

フィールドに出ると生き物の痕跡がたくさん見つかります。それらの痕跡を片っ端から拾うのも楽しいですが、追う動物を絞りましょう。おすすめはイノシシやシカ。特にイノシシは大胆な激しい動きをするため、痕跡をはっきりと残します。ここでは、痕跡を見つけやすい動物イノシシを例に進めます。

STEP 2 オリジナル・イノシシ図鑑を作ろう

トラッキングで大切なのは、痕跡を残した主へ同調すること。自分から主へ歩み寄る、追うイメージです。まずは相手のことをよく理解するため、インターネットや、本で調べるなどしてイノシシ図鑑を作ってみましょう。調べるのに20分、書くのに20分、合計40分くらいを目安に、細かさよりも全体像を一度完成させるイメージで作業しましょう。

身体の特徴や好きな場所、食べ物、天敵、メインの感覚器官、痕跡、行動パターンを調べて記載します。洞察力や、想像力を使って予想することが重要です。写真をよく観察し、気がついたことはすべて書き留めましょう。

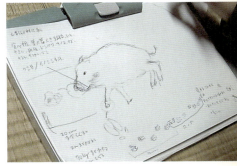

言葉だけでなくイラストにしてみたり、具体的なサイズも書き添えよう

STEP 3 イノシシに変身して同調しよう

イノシシ図鑑をもとにイメージトレーニング。想像力を駆使してイノシシに変身します。四つんばいになりイメージしましょう。体がずんぐりして、硬い体毛が自分を覆い、鼻は地面を這い、目線の高さは低くなり、脚も短くなります……。見事イノシシに変身できたら、彼らの行動パターンを体験します。歩いたり、餌を探したり、ヌタを打ったり……そのとき自分がどんな痕跡を残すかを、頭ではなく、感覚を使って想像し感じます。

動物をイメージする

CHAPTER 5 / 身につける

STEP 4 トラッキングに出かけよう

　行き先を決めフィールドに着いたら、まずは大きな視点で自然全体を観察します。太陽の位置、地形、日当たり、風向き、川の位置などを捉えて、痕跡がありそうな場所を割り出します。痕跡探しに夢中になったあまり帰り道がわからない！　なんてことにならないよう注意しましょう。時々うしろを振り返って自分のいる場所を確認します。イノシシの痕跡は人里近くでもたくさん見つかります。

大きな視点で自然全体を観察する

STEP 5 痕跡を探し、ストーリーを作ろう

　事前のリサーチとイメージトレーニングがしっかりできていると、面白いように痕跡が見つかるはず。発見した痕跡は、スマートフォンなどのデジタルカメラで撮影したり、スケッチしたり、記録として残しましょう。

　痕跡の中で一番気になるものをひとつピックアップ。その痕跡が残された時のストーリーを、痕跡の主に心を寄せて作ってみましょう。英語の5W要素で試します。WHO 主はどんなやつ？　WHEN いつ残した？ WHAT 何をしてた？　WHY なぜそこに？ WHERE どこへ向かった？

　たとえば、土が盛り上がった場所ではこんなストーリーができます。大きな個体で目線が高いオスのイノシシが（WHO）、数日前の雨上がりに（WHEN）、鼻先で土を掘って餌を探していた（WHAT）。おいしい根があるので、掘り起こしては食べて硬い部分は吐き出した。ミミズも時々見つけて食べた（WHY）。その後、斜面を降りて次の餌場へと向かった（WHERE）。

上：リサーチをもとに痕跡探し
下：足跡を発見！

STEP 6 ストーリーを体感しよう

　おしまいに、英語の5W1H要素のHOW、「主はどのように感じたか？」にアプローチしましょう。

　STEP3を参考に再びイノシシに変身します。ここではその痕跡を残したイノシシになります。そして、想像力をフル回転して、STEP5で作ったストーリーを体験しましょう。感じたことをノートに書きだします。たとえば、「雨上がりのみずみずしい土は柔らかくてとても気持ちがいい、そのせいか根っこもおいしいな。大好きな土の香りが濃厚で、これは鼻先でどんどん掘りたくなるもんだ。民家は寝静まっているし、この時間はハンターもいないから、安心して餌探しができる。つぎの餌場も楽しみで仕方がない、あぁ喜びでいっぱいだ！」皆さんはどんなイメージがわきますか？

トラッキングした動物を描写する

まとめ　野生動物と同調することで、新たな自然を味わうこともできます。多くの人がトラッキングを通して、地球上に暮らす人間以外の住人が感じうることに思いを寄せ、野生動物と同調するようになると、自然への視点が変わるでしょう。自然との共存も、もっと上手にできるようになるかもしれません。

CHAPTER 5　／　身につける　　189

41 身体に「ものさし」を インストールしよう

今野恵菜 | インタラクション デザイナー・YCAM staff　　体験した ☑ DATE: _____

　正確な数値は必要ないけど「大体の長さ、距離、高さを知りたい」というシチュエーション、結構あるんじゃないでしょうか？　しかし、いつも定規や巻尺を持っているとは限りません。ましてや、山や森などの自然のなかではなおのこと。そんなとき、身体に「ものさし」をインストールしておけば、その場ですぐに「ざっくり」とした長さや距離を知ることができます。さらに、それらを組み合わせれば、定規や巻尺では到底測ることができない、高い木や建物の高さも測ることができます。ここでは、使いやすい2つの「ものさし」を身体にインストールする方法と、それらを組み合わせた「間接測定」の方法を身につけます。

TIME

STEP

LEVEL

準備するもの
巻尺 (1.8〜3mくらいのもの)
松ぼっくり、小枝などの目印として使えるもの
紙
ペン

STEP 1 「手ものさし」を作る

はじめに、手を写真と同じような形にし、親指と小指の距離を巻尺で測ります。ここでは、この手の形を「手ものさし」と呼び、測った親指と小指の距離が、あなたの「手ものさし」の長さになります。

「手ものさし」の長さを巻尺で測る

STEP 2 「手ものさし」を身体にインストールする

手を何度も同じ形にして、毎回同じ長さが作れるように練習します。このとき、目で手の形を確認するだけでなく、手の感覚も感じ、自分の身体に教えるように、何度も繰り返します。毎回大体同じ長さが作れるようになれば、インストール完了です。インストールできた「手ものさし」で、自分の腕や脚、木の枝など身の回りのものを測ってみます。

「手ものさし」で脚を測る

STEP 3 歩幅を測って「1m歩き」をインストールする

自分の自然な歩幅の長さを巻尺で測ります。次に、地面に1mのしるしをつけ、そのしるしに合わせて足を開きます。自分の身体に教えるように、身体がどんな張り具合かを感じながら、1mの歩幅を覚えます。自分の自然な歩幅と1mが、どのくらい違うのか意識することも、1mの歩幅を覚えることに役立ちます。何度も繰り返し、毎回大体1mの長さの歩幅が作れるようになれば、インストール完了です。インストールできた「1m歩き」で、木と木の間隔など距離を測ってみます。

上:自然な歩幅の長さを巻尺で測る
中:松ぼっくりを目印に置き、1mの歩幅を覚える
下:「1m歩き」で距離を測る

CHAPTER 5 / 身につける

STEP 4 間接測定に必要な情報を集める

「手ものさし」と「1m歩き」を組み合わせると、木や建物の高さを「間接測定」でざっくり測ることができます。

はじめに、測定する目標を決めます。次に、少し離れたところで右上の図を参考に、片腕を伸ばして「手ものさし」を作ります。このとき、伸ばした腕と反対側の目を閉じ、親指の爪と目線が同じ高さになるようにします。このポーズを保ち、目標の高さが「手ものさし」の長さと同じになる場所を探します。そして、その場所にしるしを付けます。

次に、高さを計算するために必要な情報を2つ集めます。ひとつは「腕の長さ」です。腕を伸ばして「手ものさし」で長さを測ります。もうひとつは、「目標までの距離」です。先ほどしるしをつけた場所から「1m歩き」で目標までの距離を測ります。

伸ばした腕と反対側の目を閉じ、親指の爪と目線を同じ高さにする

上:「手ものさし」と同じ長さに見える場所を探す
下: 腕の長さを測る / 距離を測る

STEP 5 高さを計算する

集めた情報をもとに、計算式を使って目標の高さ(X)を計算します。

目標の高さ[X]の計算式

$$目標の高さ[X] = \frac{手ものさし}{腕の長さ} \times 目標までの距離$$

まとめ

身体を使った「ものさし」は、定規や巻尺と比べると正確性は劣るものの、「自分の身体」という最小限の道具で「長さ、距離、高さなど」の情報を得ることができます。定期的に使い続けることで、いつでもどこでも使える便利な道具になり、世界をもっと「丁寧に見る / 感じるクセ」に一役買ってくれるはずです!

42 風見鶏になって風を感じ リングワンデリングを体験しよう

中澤朋代 | 松本大学 准教授（出典：ホールアース自然学校）　　　体験した ☑ DATE:

　風のない平らな広場で、目を閉じて風見鶏（かざみどり）のように風を感じます。すると、ほおに当る少しの風や、自分が歩くことで起こる風の存在に気づくはず。その風を感じながら目隠しをし、まっすぐ前に歩いてみます。まっすぐ歩いているつもりでも、右や左に曲がってしまうことも。理由は、体の重心は人により若干偏りがあるため、いつの間にか体の癖が出てしまい、曲がってしまうのです。これは、山で雪や雲などにより視界を奪われることで、方向感覚を失う現象「ホワイトアウト」で遭遇する「リングワンデリング（同じ場所を回ってしまう）」に似ています。ここでは、ホワイトアウトに似た状況を作り、リングワンデリングを体験することで、自分の身体感覚の癖を知り、いざというときに起こりがちなパニックを和らげることができます。

TIME　30 MIN

STEP　5 STEPS

LEVEL　EASY

準備するもの
目隠し用のバンダナなど

CHAPTER 5 / 身につける　193

STEP 1 風や音のない広場に行き、小さな風を感じる

風のない時間帯に、音のない平らな広場を見つけたら、友達や家族と一緒に出かけましょう。広場にでたら、ほかの人と少し離れて、ひとりで立ちます。目を閉じて両手を広げ、音を立てないように、自分の気配を消して風を感じます。そして、小さな風が来る方角に体全体を向けます。

風や音のない広場で、小さな風を感じる

STEP 2 少し歩いてみる

そのまま少し歩いてみます。自分の動きで風が起こるのを感じるはずです。また、歩くと風の来る方角を感じ、広場でどのように風が舞っているのかが分かるようになります。隣の人の向く方角をちらりと見て、その軌跡をお互いに確認しましょう。

小さな風が来る方角に向かって歩いてみる

STEP 3 行先を決め、目隠しをする

2人組になって広場の端に移動し、「歩く人」と「後ろからつき添う人」を決めます。歩く人は、自分の進む方向を決め、その先の目印となる目標物を見つけてつき添う人に伝えます。目標物は、電柱や遠くの山、建物など、立っている位置から見て一直線に確認できるものを選びましょう。後で目標からずれた時に、確認がしやすくなります。

目標物に体を真っ直ぐ向けたら、目隠しをします。

上：目標物を決め、つき添う人に伝える
下：目隠しをする

STEP 4 目標物に向かい、まっすぐに歩く

　歩く人は、視覚以外の風、音、足元の感覚などを使って、まっすぐに歩きます。つき添う人は、後ろからそっとついていきます。どれだけ相手が曲がって進んでも、黙ってついていきます。ただし、歩く人に危険なものが近づいた時は、肩を叩いて「ストップ」を伝えます。歩く人は、肩を叩かれたら歩みを止めます。そこからは、つき添う人が歩く人の体を目標物の方向に修正し、肩を叩いて「スタート」の合図を伝えます。

上：目標物に向かってまっすぐ歩く
下：肩を叩いて「ストップ」を伝える

STEP 5 来た道を確認する

　歩く人が目標物にたどり着いたり、目標物の近くまで来たら、肩を叩いて「ストップ」を伝えます。そして、目隠しを外して来た道を確認します。

　目標物から大きくずれてしまった場合は、つき添う人に、どのように歩いてきたかじっくり聞いてみましょう。歩いてきたルートを知ることで、身体感覚の癖に気づくことができます。確認できたら、歩く人、つき添う人の役割を代えてSTEP3から体験してみましょう。

上：目標物から大きくずれて到着
下：歩いてきたルートを聞く

まとめ　目標物の方向にまっすぐ歩くのはなかなか難しいもの。大きくずれてしまった場合は、歩いてきたルートを知ることで、自分の身体感覚の癖を知ることができます。また、無風と思われる状態でも、少しの風の存在を感じることができれば、自然と自分の体を感覚で捉えられるようになります。

CHAPTER 5 ／ 身につける　195

6
make

作る

人間は作る生き物。
簡単に体験できる工作から、
ワイルドなものまで。
作ることを楽しみ、
自然と新しい関わり方をしてみよう。

43 「カラムシ」の繊維で紐を作ろう

藤原祥弘 | エディター・ライター　　　　体験した ☑ DATE:

　化学繊維がない時代、私たちの先祖が衣類や紐の材料に使っていたのは植物の繊維でした。植物から繊維をとって紐を作るというと、何やら大ごとのように思えますが、植物の種類によっては、特別な道具を使わなくても簡単に紐に変えられるものがあります。しかもその植物は、いまも私たちの身近な場所にたくさん生えているのです。

　その植物の名前は「カラムシ」。日本では本州から沖縄まで、どこにでも生えているありふれた草です。カラムシを覚えてそれから紐を作れるようになれば、いつでもロープを持ち歩いているようなもの。慣れてしまえば、1mの紐を作るのに10分もかかりません。ご先祖様もお世話になっていたカラムシともう一度お近づきになってみませんか？

TIME

準備するもの
カラムシ
剪定ばさみ（または ナイフ）

STEP

LEVEL

STEP 1 カラムシを探す

　カラムシはイラクサ科の多年草。数千年前から栽培されているので、それが野生化したものが日本全国の河川敷の法面(のりめん)や河原、ちょっとした空き地など、どこにでも生えています。大葉に似た外観で、高いものでは草丈が1.5mほどに成長します。カラムシには葉の裏が白いものと緑のタイプがあり、またよく似たヤブマオという植物もありますが、どれも同じように繊維が取れます。草刈りにも強いので、一度生える場所を覚えておけば何年間も利用できます。

まずはこのくらいの量を採取

カラムシによく似たヤブマオ

葉の裏まで緑のアオカラムシ

葉をしごき落とす

STEP 2 カラムシの表皮を取る

　カラムシを根元から収穫したら、穂先を握って手をけがしないように気をつけながらもう片方の手で下側へと葉をしごき落とします。続けて、折り取った切り口の表皮をつまみ、先端へ向かって引き下げればするするとカラムシの表皮を剥ぎとることができます。剥ぎ取った表皮は、さらに3mm程度の幅に割いておきましょう。

折った端の皮をつまむ

葉を落としたら、表皮を剥ぎとる

CHAPTER 6 ／ 作る　199

STEP 3 繊維を撚って紐にする

　割いた表皮を何本か取って末端を固結びしたら、足指で挟み、繊維の束を2つに分けましょう（写真A）。その2つの束がくっつかないように注意しつつ両手のひらで挟んだら、上側の手をスライドさせて繊維をねじり、それぞれの束に撚りをかけていきます（写真B）。上側の手がある程度進んだら、指先側にきている束をつまんで今度は手首側へと返します。

　撚りをかけたら指先側に来た束を手前に戻す、という作業を繰り返すうちに、2本撚りの紐ができあがっていきます。

STEP 4 繊維を追加する

　ある程度編むと次第に束が細くなってくるので、適当なタイミングで新しい繊維を追加します。繊維を足すときは2本の束の交点に新しい繊維を足し、一緒に撚りこみましょう（写真F）。摩擦力で繊維が固定され、元の束とひとつになります。

　注意したいのは、繊維を加えるタイミング。いちどきにたくさん繊維を足すとそこで太さが変わってしまう上、その部分から切れやすくなってしまいます。

　それぞれの束が細くなるタイミングに注意しながら、片方の束に追加したら、少し編みこんでからもう片方の束に新たな繊維を追加しましょう。繊維が1ヶ所で途切れることがないので強い紐になります。

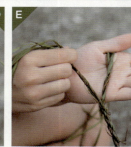

A：指に挟んだら固結びをしておく
B：2本同時に撚りをかける
C：2本の束がまとまらないように撚る
D：指先側にある束を親指でつまむ
E：指先側にある束をつまみ手首側へ返す
F：新しい繊維を2本の束の交わったところへ継ぎ足す
G：編みながらバランスをみて継ぎ足しをする

STEP 5 カラムシの紐を使う

　カラムシの紐は束ねる繊維の量で自在に太さを変えられます。細い紐がほしいときは少なめの束で、太い紐が必要なときには、一度撚った紐を2本撚り合わせることでさらに太くすることができます。素材にするカラムシの状態や紐のできばえにもよりますが、直径が1cmもあれば30〜40kg程度の引っ張り強度が出ます。

　カラムシの紐の用途はさまざま。野外で荷紐やものを縛るのに使ったり、弓錐式火おこしの弓弦にすれば、野にあるものだけで簡単に火が起こせるでしょう。また、天然繊維なのでやがて土に還ります。化学繊維の紐を残したくない場面などでも活躍します。

まとめ

　ロープはナイフと並ぶ野外活動の基本の道具です。いざというときロープが手元にない、なんて場合は、慌てずに周囲を歩いてみましょう。どこかにきっと、カラムシが生えているはずです。日本最古の歌集である万葉集には「多摩川にさらす手作りさらさらに何そこの児のここだかなしき」という句があります。ここに詠まれた「手作り」とは布のこと。一説にはカラムシを使っていたともいわれています。カラムシは今も、皆さんのごくごく身近な場所で生き抜いています。そしてそのカラムシは、皆さんの先祖が使っていたカラムシにつながっているのです。

44 五寸釘を七輪で熱して ナイフを作ろう

藤原祥弘 | エディター・ライター

体験した ☑ DATE:

　野外活動におけるもっとも基本的な道具であるナイフ。ナイフは素手だけではできない多くの作業を可能にします。現在、私たちが手にするナイフの多くは市販の製品ですが、つい数十年前までは、街の鍛冶屋さんでひとつずつ作られていました。実は、単純な刃物を作るのに大掛かりな施設は必要ないのです。鉄から刃物を作るときの主な作業は、「高温の炉で鉄を赤める」「赤めた鉄を叩いて整形する」の2つ。鉄から道具を作り出すのはそれほど難しいことではありません。もちろん、丈夫で鋭く欠けにくい刃物を作るには、良質な材料と経験が欠かせませんが、初めての挑戦でも「そこそこ切れるナイフ」を作ることができます。材料はどこでも手に入る五寸釘。これに七輪とハンマーと道具があれば、自宅の庭先で小さなナイフが作れます。

TIME 3 HOUR

STEP 9 STEPS

LEVEL HARD

準備するもの

五寸釘 …… 数本
プライヤー
ハンマー
金床
木綿糸
木の棒
革手袋

七輪
ドライヤー
キッチンペーパーの芯
バケツ
ドリル
グラインダー
砥石

202

道具は多い方が作業しやすいが、
五寸釘とハンマー、プライヤー、七輪だけでも作れる

上：ドライヤーと火元を離すために延長しておく
下：火の色に注意して針の先を入れよう

STEP 1 道具と材料を用意する

　上の写真を見ると道具の用意だけでつまずいてしまいそうですが、最低限必要なのは材料となる五寸釘とプライヤー、ハンマー、七輪だけ。グラインダーとドリルはなくても大丈夫です。

　必要なのは「鉄が赤くなるまで高温にできる炉」と「鉄を叩いて整形できる設備」です。この2つが用意できるなら、使う道具は紹介したものでなくても問題ありません。

　金床は鉄アレイなど丈夫な鉄の塊で代用でき、鉄を赤めるための炉は七輪ではなく耐火煉瓦を並べたものでも大丈夫です。自分の家や身の回りにあるもので工夫してみましょう。

STEP 2 七輪に炭をおこし釘を熱する

　七輪に炭を入れて着火し、ある程度火がまわったらドライヤーの冷風モードで空気取り入れ口から送風をはじめます。空気取り入れ口の周辺はそれほど高温にはなりませんが、念のためドライヤーの送風口はキッチンペーパーの芯などで延長しておきましょう。

　使う炭はホームセンターで手に入る安いものがおすすめ。安い炭は高級な炭よりも密度が低いので風が通りやすく、送風のオン・オフで火力が調整しやすいからです。

　炭全体に火がまわって炉内が高温になったら五寸釘を投入します。釘を入れるのは火の中の一番高温の部分。炉内の色は、温度によって黒っぽい赤からオレンジ、オレンジから黄色へと変化します。黄色のほうが高温なので、そこに釘の先が入るようにします。

CHAPTER 6 ／ 作る

STEP 3 釘を取り出す

　七輪の炉内は、条件によっては1,000℃を超えることもあります。熱しすぎると釘はあっという間にボロボロになってしまい、七輪もいたみます。釘の色がオレンジ色になったら加工の頃合い。送風をやめて釘を取り出し、整形に移りましょう。

　はじめての鍛冶体験に失敗はつきもの。最初の何本かは練習台のつもりで、スペアも用意しておきましょう。

STEP 4 赤めた釘を叩いて整形する

　オレンジ色になったらプライヤーで釘の頭側をしっかりとつかみ、金床の上でハンマーで叩いて釘を刃物型へと整形します。温度が高いほど釘が柔らかいので、なるべく温度が下がる前に整形しましょう。温度が高いうちは叩くと「ゴッ！」という鈍い音と感触がしますが、冷めるに従い、ゴッ！　ガッ！　ガン！　ギン！　キーン！　と音と感触が変化していきます。釘が硬くなったら、再び炉内に戻して赤め、作業を繰り返します。打ち出す際、最初はまず両面から叩いて釘を薄く伸ばします。その後、刃にする側を集中的に叩いて刃側を薄くしていくと、薄く伸びたぶんだけ峰側（ナイフの背）へと釘が反ってきます。刃側を叩くうちに、自然と反り上がるので無理に反らせようとしなくても大丈夫です。ここで刃をなるべく薄くしておくと、このあとで行なうあら仕上げでの削りだしの作業が楽になります。

　刃の形状、厚みだけでなくときには横からのぞいて刃が左右にブレていないかもチェック。刃が曲がっていたら叩いて調整していきます。赤めた釘は非常に高温になっています。加工中は素手で触れないように注意しましょう。必ず革手袋を着用し、作業は長袖、長ズボン（どちらも天然繊維のものを）で行いましょう。釘を打つときにかけらが飛ぶこともあります。心配な人はゴーグルも着用しましょう。

上：オレンジ色になったら打ち出しの作業へ
中：刃が左右にブレていないかチェックしよう
下：硬くなったら、炉内で赤めて作業を繰り返す

STEP 5 あら仕上げ

　大まかな整形ができたら、刃側を削り出して余分な肉を落として薄くします。グラインダーがある場合はグラインダーで、なければ平らなコンクリートの面を濡らしてこすりつけてもよいでしょう。

STEP 6 焼入れ

　形が整い、刃側が十分に薄くなったら整形は終了。再び炉に入れて明るいオレンジ色になるまで熱したら（写真C）、水を入れたバケツに釘を差し入れて急冷します（写真D）。鉄には高温の状態から急冷されると組織が変質し、硬くなる性質があります。この性質を利用して刃物を硬くする作業がこの「焼入れ」です。

　焼入れが済んだら、再度峰側からのぞいて曲がりをチェック。焼入れ前はまっすぐになっていても、急冷の際に刃が左右に曲がることがあります。焼入れ後は鉄が硬くなっているので、大きな力をかけて直すのは禁物。ハンマーで軽く叩きながら調整していきましょう。

　焼入れのときに、どの温度まで上げて急冷するかで、刃の硬さが異なってきます。高い温度から急冷すると硬く、それほど温度を高めずに急冷すると柔らかくなります。

A：刃をこすり、余分な部分を削る
B：グラインダーで削るとよりきれいにできる
C：炉に刃を入れ、再び熱する
D：熱した刃を水で急冷する

CHAPTER 6 ／ 作る

STEP 7 刃つけ

砥石で擦って刃先を研ぎ上げます。一定の角度をつけ両側を交互に研ぎ上げましょう。砥石は粒がちょっと粗めの「中砥」で十分ですが、中砥で研いだ後に仕上げ砥にかけると刃先の曇りがとれ、切れ味も高まります。

砥石には水をつけて研ごう

STEP 8 仕上げのパターンを選ぼう

五寸釘ナイフを使いやすいように、柄をつけるなら、木の枝をつける場合と、紐を巻いてグリップがわりにするのもおすすめ。

木の枝をつける場合は、釘と同じ直径のドリルビット（ドリルの先端につけるもの）で木の枝に穴を開け、そこにグラインダーで頭を落とした釘を差し込みます。

釘の頭

木の枝をつける場合 ▶

グラインダーで釘の頭を落とす

木の枝にドリルで穴を開ける

木に開けた穴に、頭を落とした釘の先端を入れて打ち込む

グリップ代わりに紐を巻く場合は、太めの木綿糸を柄に沿わせて折り返し、釘の頭側から折り返した糸ごと巻き上げていきます。

思い描く長さ分だけ糸が巻けたら、折り返した糸の輪のなかに巻いてきた糸の末端を入れ、釘の頭側に残っている糸を強く引きます。こうすると折り返した糸の輪が締まり、残った糸が巻いてきた糸の内側に引き込まれて固定されます。最後に糸の末端を切って完成とします。ちょっと緩めの場合は、巻いた糸の両端に瞬間接着剤を1、2滴落としておくと解けにくくなります。

紐を巻く場合 ▶

紐を持ち手と平行させる。先端を少し出す

平行させた紐に巻きつけていく

出しておいた紐を強く引く

小枝などで試してみよう

STEP 9 ナイフを使ってみる

　ナイフにグリップをつけられたら、いざ実践！　手近な木の枝などを削り出してみましょう。しっかりと刃がついた部分ではきれいに切れるのに、ちょっと刃が甘い場所では刃が進んでいかないことに気づくはずです。刃先に鈍い場所があったら、再び砥石で研いでみましょう。自分で研ぎ、自分で使ううちに、どれくらい刃をつければどれくらいの切れ味になるかを体で知ることができます。

まとめ

　人類が鉄を手に入れて以来、鉄はずっと私たちの生活のなかにありました。大量生産・大量消費が当たり前になった現代では、ほとんどの道具が使い捨てされるようになりましたが、かつてはどの町にも炉と大型のハンマーを備えた「野鍛冶（のかじ）」があり、鉄製の廃物は刃物から農耕具や漁具まで、生活に必要な道具へとリサイクルされてきました。五寸釘からナイフを作る野鍛冶体験は、「技術」が私たちの手から遠く離れる前のことを思い起こさせてくれます。本来、道具と人の関係はもっと近しいものなのです。

CHAPTER 6 ／ 作る　207

45 コールバーニングをマスターして ウッドスプーンを作ろう

川口 拓 | WILD AND NATIVE 代表・Japan Bushcraft School 校長

体験した ☑ DATE:

　ナイフ1本もしくはナイフさえもない状況で、木材にくぼみを彫りたい。そんなときに活躍するのが、コールバーニングと呼ばれるテクニックです。文字通り、燃えている炭（コール）を使って、木材の一部を燃やすこと（バーニング）。木片の一部分をコールバーニングで焦がし、そこを小さな石で削ってくぼみを作ります。このテクニックを使えば、食器やカップとなりうるくぼみを作ることができます。

　ここでは、比較的簡単にできるスプーンの作り方を紹介します。あえて不恰好なまま仕上げるのも味が出ておすすめです。できあがったら実際に使ってみましょう。そして、さらなる理想の形を追求しましょう。

TIME 2 HOUR

STEP 6 STEPS

LEVEL MEDIUM

準備するもの
薪や枕木となる木材
マッチ
スプーンとなる木材
ナイフ
小石

STEP 1 コールを作ろう

まずコールを作りましょう。コールバーニングでは燃えている炭を使います。炎は出ていないけど、赤くて高熱を発する状態の炭です。一度に効率よく作れるよう薪の組み方をちょっと工夫します。

枕木を横に2本置いて、その上に薪をイカダ状に並べます。枕木を置くと燃え残りが生じにくくなります（写真A）。薪を組んだらマッチなどで着火します（写真B）。薪に火をつけると炎が上がります。炎が収まって落ち着いてきた頃のものがベスト。写真Cのような状態になるまで燃やしましょう。

STEP 2 木材を切り出して受けを彫ろう

コールができるまでの間に、スプーンとなる木材を切り出しましょう。まずは木材を選びます。天然の抗菌剤である精油を含んだ、杉の枯れ枝がおすすめ。なるべく節がないもの、杉以外もOKですが、口に入れるので無毒な木を選びましょう。木の実などその一部分が食べられていたり、お茶として利用されているものはOKと判断しています。完成に近いサイズだと削る手間が省けます。

ナイフを使って木材を好きな長さに切り出します。なるべく節が少ないほうの端を選び、そこにパワーカットを使ってスプーンの受けを掘ります。ナイフの腹を上手に使って、少し逆アーチ型に彫り込むとスプーンのようになります。こうして形を整えるだけでも十分スプーンとして機能します。

A：薪をイカダ状に並べる
B：薪を組んだら着火する
C：こんな状態がベスト
D：パワーカットで受けを彫る
E：ナイフの腹を上手に使おう
F：スプーンの受けの土台となる状態

STEP 3 コールバーニングで、くぼみを彫ろう

　木材とコールが準備できたら、いよいよコールバーニング。まっすぐな枝2本を箸のように使ってコールを拾い、木材の受けに乗せます。上から枝で押し当てながらコールと受けの接触部分に息を吹きかけます（写真G）。受けがしっかりと焦げるまで息を吹きかけ続けます（写真H）。真ん中あたりに少しくぼみをつけたら、徐々に周りへ広げます。
　息を吹きかけすぎると炎が上がってクラック（割れ目）が生じることも。なるべく炎を出さないよう心がけましょう。

STEP 4 焦げを削ぎ落とそう

　コールバーニングで焦がした部分は柔らかくなっているので、石を使って簡単に削ぎ落とせます。納得がいくくぼみができるまで削り落としましょう。茶色になった部分も硬さはありますが削ぎ落とせます。
　焦げは見た目より奥まで達しています。焦がし続けると、底が抜けたり壁の部分を焼いたりと、取り返しがつかないことに。状態を見ながら小まめに削りましょう。

G：コールを押し当てながら、接触部分に息を吹きかける
H：こんな状態になるまで
I：小石などで削る
J：くぼみが完成！

STEP 5 ナイフを使って全体の形を整えよう

満足できるくぼみができたら、ナイフを使って理想とするスプーンの形に削りましょう。削り方にルールはありませんが、ここでは、私の手順を紹介します。

持ち手の上下を平らに削り、次に左右を削ります（写真K）。ナイフの腹を使ってくびれと頭を滑らかに削ります（写真L）。ナイフの先を使ってくぼみの角を面取りすると、計量スプーンのような形状から、普通のスプーンに変わります。背面も削って滑らかに仕上げます（写真M）。

K：上下と左右を削る
L：くびれと頭を削る
M：くぼみの角を面取りする

STEP 6 スプーンの仕上げを決めて完成！

荒削りであえて不恰好なまま仕上げるのも味があってよいでしょう。紙ヤスリを使えば滑らかに仕上がります。作りながらその時の感覚を大切にして、状況にあった形や雰囲気に仕上げましょう。

使用後は、杉の生葉をブラシ代わりに水洗いしましょう。天日乾燥させるか、焦げないように炎に当てて乾かします。再利用するときも軽く火で炙って消毒してから使いましょう。油分が抜けて水を弾かなくなったら、オリーブオイルを塗り込みます。カビが生えたら酢で洗うと効果的です。

ナイフの荒削りで済ませたもの（左）と、丁寧に削って仕上げたもの（右）

まとめ

焦がしては石で削るという行為をひたすら繰り返すコールバーニング。ゆっくり時間をかけて作るのがコツです。火と、木と、石と、じっくり戯れる感覚を楽しみましょう。慣れてきたらスプーン以上に大きなくぼみを掘るのにチャレンジしてみましょう。カップや器を作ってみるのも楽しいです。

CHAPTER 6 ／ 作る　211

46 空き缶で ウッドガスストーブを作ろう

藤原祥弘 | エディター・ライター　　　　　体験した ☑ DATE:

　焚き火でお湯を沸かしたり、料理したりすると、火力の割に時間がかかると感じませんか？　これは、普段使っているガスコンロが熱を集中させるのに対して、焚き火は熱を分散させる燃え方をする、という理由があります。薪で料理をするなら、熱を一点に集中させられるストーブが効果的。燃焼効率の高いストーブは薪を減らせるだけでなく、煙やススの量も少なくできます。近年、世界中で研究が進んでいるのが「ウッドガスストーブ」や「ウッドバーニングストーブ」と呼ばれるタイプのストーブ。火床からの放熱を抑え、燃焼に使う空気を予熱することで、小さな炉でも大きな熱を得ることができます。そして、このストーブの製作に必要な材料は3つの空き缶だけ！数百円の材料費で、驚くほどよく燃えるストーブを作ってみましょう。

TIME	3 HOUR	**準備するもの** 空き缶（大・中・小）……各1缶 電動ドライバドリル・ステップドリル 金切りばさみ ペンチ 缶切り コンパス 白い紙……1枚 革手袋 定規 油性ペン
STEP	8 STEPS	
LEVEL	HARD	

必要な道具一式とステップドリル

A：缶をカットしやすくなるよう、目安となる台紙を描く
B：缶を台紙の上に置き、台紙に描いた線を目安にしるす

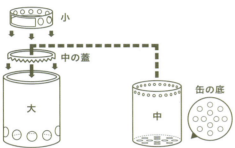

中くらいの缶は底に
穴が空いている灰皿を利用

STEP 1 道具と材料を用意する

　材料となるのは大きさの異なる3つの空き缶。大きいものは炉の外殻、中くらいのものは炉の燃焼室、小さいものは鍋などを載せるためのゴトクになります。大きい空き缶は密閉できる鉄の蓋があることが必要ですが、中くらいの缶と小さい缶は上側があいていても使うことができます。今回は塗料の収納缶と100円ショップで売られている灰皿、あずきの缶詰を使いました。

　これらの缶の穴開けに活躍するのは「ステップドリル」という階段状のドリルビット。この道具があると、手軽に空き缶に丸い穴を開けることができます。缶の切り口は鋭いので、缶を切る作業中は革手袋を着用しましょう。

STEP 2 穴の位置を缶にしるす

　大きい缶と小さい缶には8ヶ所、中くらいの缶には16ヶ所の穴を開けます。等間隔に穴の位置をしるすため、白い紙にコンパスを使って2つの同心円を描きます。円の大きさは小さい缶と大きい缶の直径よりも少しだけ大きくしましょう。

　この同心円をケーキをカットするように、中心を通る8等分と16等分する線を描き入れます。この円の真ん中に缶を置いて、線に合わせて油性ペンで穴の位置をしるします。どの缶のどの位置にしるしをつけるかは、STEP3以降で解説します。

CHAPTER 6 ／ 作る　213

STEP 3 大きい缶を加工する

大きい缶に開ける穴の数は8ヶ所。STEP2で作った円を使って缶の底から2cmの高さに油性ペンで8個の点をうち、そのしるしを中心にした直径2cmの穴をステップドリルで開けていきます（写真C）。

缶の周囲に穴を開けたら、大きい缶の蓋を外して中くらいの缶を重ね、中くらいの缶の円周を油性ペンで蓋にうつしとります（写真D）。

この蓋に描いた円より5mmほど内側にドリルで穴をひとつ開けたら、そこから金切りばさみを入れて、油性ペンで描いた円の内側を丸く切り抜きましょう。切り抜きが済んだら、油性ペンの円まで金切りばさみで細かく切れ目を入れて、ペンチで下側に折り曲げます（写真E）。ときおり中くらいの缶を挿入して、中くらいの缶がぎりぎり通る大きさに穴のサイズを調整していきます。

STEP 4 中くらいの缶を加工する

今回はあらかじめ穴のあいている灰皿をひっくり返して使用しました。

灰皿をひっくり返し、缶切りで底部を切り抜いて使います（写真F）。

中くらいの缶に開ける穴の数は16ヶ所。缶切りで切り開いた側の端から1cm程度の場所に油性ペンで点をうち、そのしるしを中心にして、直径5mmほどの穴をステップドリルで開けていきます。

今回は穴の開いている灰皿を使っていますが、果物の缶などを使う場合は、底に1cm程度の大きさの穴をたくさん開けておきます。

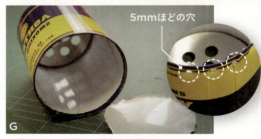

C：底から2cm、直径2cm程度の穴を開ける
D：大きい缶の蓋の上に中くらいの缶を乗せる
E：蓋をくり抜き、短冊状にバリを作る
F：缶切りで底を切り抜く
G：穴の空いた灰皿を流用

STEP 5 小さい缶を加工する

　小さい缶に開ける穴の数は8ヶ所。缶の底面から2cm程度の場所に油性ペンで点をうち、そのしるしを中心にして、直径2cmほどの穴をステップドリルで開けていきます。ステップドリルで穴開けが済んだら、穴のひとつに金切りばさみを入れて、長方形の開口部を切りひらきます（写真H）。

　この開口部は、鍋を載せているときに薪を追加するためのもの。開口部の大きさは薪が投入できればどんなサイズでもよいですが、大きすぎると鍋の重みを支えられなくなります。ドリルの穴2個分をつなぐ程度（横幅4cm程度）で十分です。開口部にも、切り端に5mmほど切り込みをたくさん入れてペンチで折り返し、触れても危なくないように加工しましょう（写真I）。

STEP 6 パーツを組み合わせる

　大中小の3つの缶が加工できたら、それぞれを組み合わせます。大きい缶に加工した蓋をはめ込んだら、そこに中くらいの缶を挿入してその上に小さい缶を載せましょう。大きい缶と中くらいの缶はぴったり組み合わないとうまく空気が通らないので、ペンチで調整しながら挿入します。

　小さい缶はゴトクの役割を果たしますが、缶の大きさによってはうまく載らないことも。その場合は薪の投入口の反対側を切りひらき、筒をC字型にすることで対応できます。

H：穴あけが終わったら、開口部を作る
I：切りっぱなしにしないように折り返す
J：左から缶の大きさは中、大、小
K：大きい缶の上に中くらいの缶を載せる
L：すべての缶を合体させた状態

STEP
7 最終確認

ウッドガスストーブは、右図のように二重構造の缶のなかで薪を燃やすことで燃焼効率を高めています。最初に中くらいの缶の底で薪が燃えます。そうするとその熱で中くらいの缶と大きい缶の間の空気が熱くなります。その空気は中くらいの缶の上部に開けた穴から供給され、底部で燃えきらなかった可燃性のガスと混ざり、再び燃焼します。ウッドガスストーブは、缶の底部と上部で2度燃焼することで効率を高めているのです。ですから、「底部での燃焼」と「上部での燃焼」にそれぞれスムーズに空気が供給されることが重要です。

それでは、できあがったストーブをチェックしてみましょう。上部に開けた穴は大きい缶の蓋のバリにふさがれていないでしょうか？ 穴が塞がっている場合は、バリを開いて空気が通るようにするか、再度もう少し低い位置に16ヶ所穴を開け直しましょう。

次に、大きい缶の穴から中くらいの缶の位置をチェック。中くらいの缶の底が大きい缶の底にぴったりくっついていると空気が供給されません。缶の大きさの都合でどうしてもスペースが作れない場合は、中くらいの缶を取り出して、底側のサイドにいくつか穴を開けましょう。

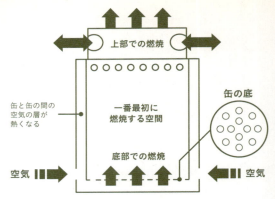

ウッドガスストーブの空気の流れ

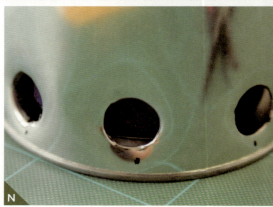

M：大きい缶に中くらいの缶を入れる
N：外から見ると大きい缶の空気孔の中に中くらいの缶が見える

STEP 8 薪を入れて燃焼

ウッドガスストーブの燃料となるのは、直径2mm〜1cm程度の小枝。最初に缶の底に紙くずを入れて着火し、そこにがさっと細めの小枝を投入。炎が安定したら、太めの枝をいれてもきれいに燃焼します。薪はあっという間に燃え尽きてしまうので、薪はこまめに追加しましょう。

燃焼が安定したあとに炎から煙が出ず、中くらいの缶の上部に開けた穴からも炎が吹きだしていればストーブ作りは成功！　煙とは水蒸気や燃えきらなかったガスの残りなので、煙が出ないということは無駄なく燃えきっている証拠です。炎がいつまでも安定しない、煙が出るといった場合は、ストーブの構造に問題があるか、薪が湿っているはず。炎をよく観察して何が原因か見極めましょう。

上：小枝を上からさすように
中：勢いよく燃える
下：火が落ち着いて安定する

まとめ

シンプルな構造なのに、飛躍的に燃焼効率を高めてくれる空き缶ストーブ。焚き火では焚きつけにしかならないような小枝でも、空き缶ストーブを使えばお湯を沸かし、米を炊くことができます。また、空き缶ストーブは「理想的な燃焼」についても教えてくれます。空き缶ストーブの特徴には、熱を散らさないこと、可燃性のガスをきれいに燃やしきること、火床を高温に保つことなどがあります。空き缶ストーブを自作してその炎をよく観察することで、普段の焚き火も数段上達するはずです。

47 葉っぱの神秘 葉脈標本を作ろう

武田麻美　|　WILD MIND GO! GO! 編集部　　　　　体験した ☑ DATE:

　太陽に葉っぱをかざすと、筋状や網目状の模様が見えるはず。これが葉脈です。葉脈は、茎から葉っぱへ水分を運ぶ通り道、そして葉っぱでできた養分を茎へ運ぶ通り道です。

　葉脈標本作りには、適している葉っぱと、そうでない葉っぱがあります。はじめの葉っぱ選びが成功を左右します。ヒイラギ、サザンカ、ツバキなど厚みがあって硬く、葉脈が強い葉っぱがおすすめです。ケヤキ、コナラ、アジサイなど、葉脈が弱い葉っぱや、葉脈と葉肉の硬さが同じくらいの葉っぱは、葉脈標本作りには向いていません。

　台所にある家庭用品で葉脈標本を作って、身近にある葉っぱの神秘にふれてみましょう。

TIME	24 HOUR	**準備するもの** 葉っぱ 重曹（湯量の10％ほど） 食用酢 鍋（アルミ製はNG） バット ゴム手袋 割りばし 歯ブラシ 台所用漂白剤
STEP	3 STEPS	
LEVEL	MEDIUM	

STEP 1 葉っぱを重曹で煮る

集めた葉っぱは水洗いをしてよく汚れを取ります。鍋にお湯を沸かしましょう。沸騰したら火を止めて、濃度10％ほどの重曹を溶かします。

重曹が溶けたら葉っぱを投入。様子を見ながらよく煮て、葉肉を柔らかくします。厚めのヒイラギで2時間くらいかかります。重曹は沸騰するとアルカリ性水溶液に変化します。目や皮膚、衣服につけないよう十分注意して、換気のよい場所で行いましょう。

上：汚れを取る
下：表裏を時々返す

STEP 2 葉肉を取り除こう

煮出した葉っぱに食用酢を少しかけ、ゴム手袋を着用し、弱めの流水で洗います。水を張ったバットに移し、歯ブラシを使って、傷つけないよう優しく丁寧に、叩く感覚で葉脈から葉肉を取り除きます。葉っぱの表皮は厚いので、裏側からも取り除きます。鍋の湯は、水を入れて薄めてから流しましょう。

STEP 3 葉っぱを漂白して完成！

葉脈だけの姿になった葉っぱを、台所用漂白剤に浸します。数時間で白くなるかと思いきや、一晩ほどかかります。少しずつ白くなるので、静かに待ちましょう。完全に白くなったら、漂白剤を洗い流し、日陰で乾かして完成です！

葉脈はとてももろいので、傷つけないよう慎重に

まとめ 葉脈の通り方は、植物によって実にさまざま。いろいろな葉っぱで作って、葉脈の違いや植物の構造の美しさ、不思議に触れてみましょう。

CHAPTER 6 / 作る

48 デジタル・ピンホールカメラを作って光と遊ぼう

林 敏弘 | ピンホール写真家

体験した ☑ DATE: _____

　レンズの代わりに小さな穴を使うピンホールカメラ（針穴カメラ）。レンズのカメラでは撮ることができない、光の柔らかさやゆったりと流れる時間を表現できるのが特徴です。
　これまでのピンホールカメラは箱や缶などで作って、印画紙やフィルムで写す方法が一般的で、ちょっと試すにはハードルは高いものでした。ところが近年デジタルカメラが進歩して、簡単にデジタルのピンホールカメラを工作して撮ることができるようになりました。ここではデジタル・ピンホールカメラを工作する方法を紹介します。そして、ピンホールカメラの特徴を活かした写真を撮ってみましょう。

TIME 2 HOUR

STEP 7 STEPS

LEVEL HARD

準備するもの
空き缶・目の細かいサンドペーパー
細めの縫い針・消しゴムつきの鉛筆
ハサミ・ニッパー・ペンチ
台紙
ルーペ
定規
デジタル一眼レフカメラとボディーキャップ
ドリルとドリルの刃（約5〜10mm径）
丸棒ヤスリ
黒パーマセルテープ（または 光沢の黒い粘着テープ）

STEP 1 ピンホールプレートを準備する

はじめにピンホールを開けるピンホールプレートを準備しましょう。ハサミを使って、空き缶側面のアルミを3〜4cmくらいの正方形にカットします。空き缶の塗装はサンドペーパーを使って落とします。

空き缶を利用する

STEP 2 針ドリルを作ろう

次に、針ドリルを作ります。細めの縫い針と、消しゴムつきの鉛筆を用意しましょう。縫い針は、ニッパーで糸穴部分をカットします。縫い針を、鉛筆の消しゴム部分の中心にまっすぐしっかりと刺します。針が飛ばないよう、ペンチで針の先端をしっかり挟み、空き缶の中などで慎重に作業しましょう。

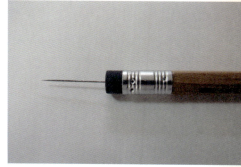
うまく力加減できる針ドリル

STEP 3 ピンホール（針穴）を開けよう

ピンホールプレートと針ドリルができたら、0.2〜0.3mm程度のピンホールを開けます。新聞紙などを重ねた台紙を用意し、ピンホールプレートをセット。針ドリルの先端を、プレートの中心に垂直にゆっくり突き刺します。鉛筆部分をまわして徐々に刺していき、針の先端がプレートの裏側から1mmほど出たところでストップ。針を回しながら抜きます。ピンホールの両面はサンドペーパーで優しくこすってバリを取りましょう。

ピンホールの下にスケールを置き、ルーペでのぞいて、直径の大きさ、正円に近いか、バリがないかを確認。ピンホールが小さい場合、針を再び入れてゆっくり回し完成させます。正確な直径の数値より、バリの有無やピンホールの完成度が画質に影響します。多少の誤差は、露出時間の増減でカバーできます。

上：プレートの中心に垂直にゆっくり突き刺す
左：裏側から1mmほど出たところでストップ
右：ピンホールが完成！

CHAPTER 6 / 作る 221

STEP 4 ピンホールプレートをカメラにつける

　レンズを外した時に本体を保護するカメラのボディキャップを用意します。純正品でなくてよいので新たに買うことをおすすめします。ボディキャップのおよそ中心に（正確でなくてもよい）、ドリルで5〜10mm程度の穴を開けて、丸棒ヤスリでバリを取ります。ボディキャップの裏側の中心に、黒パーマセルテープでピンホールプレートを貼ります。黒パーマセルテープは写真用品店で購入できますが、無光沢の粘着テープか白いテープで貼って上から黒く塗って代用もできます。ボディキャップをレンズを外したデジタルカメラ本体にセットして、デジタル・ピンホールカメラの完成です。

STEP 5 テスト撮影をしてみよう

　戸外など明るいものに向けてカメラ本体の電源を入れます。背面の液晶モニターや、あれば電子ビューファインダー（EVF）で画像確認をしましょう。何も映らない場合は、テープでピンホールが塞がれていないか、またピンホールプレートがボディーキャップの穴からずれていないか確認しましょう。「AE：絞り優先オート」モードで基本的に撮影できます。暗すぎたり明るすぎたりする場合は露出補正で調整します。AEを使わない場合は、マニュアルモードでシャッタースピードを変えながらテスト撮影してみましょう。シャッタースピードが遅いと手ブレするので三脚を使いましょう。デジタルカメラのレンズがピンホールになっただけで、カメラの使い方は変わりません。テスト撮影で問題なければ、どんどん撮ってみましょう。

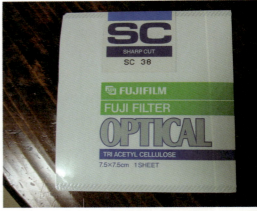

上：ボディキャップの中心に穴を開ける
中：デジタルカメラにセットして完成
下：角型UVシートフィルターを重ねて貼るとホコリやチリを防ぐのに効果的

STEP 6 撮影しよう

　デジタル・ピンホールカメラの特徴、光の優しさや柔らかさを活かした写真を撮ってみましょう。実際の例で説明します。「あじさいの道」は、手前から奥まで同じピントで撮れる特徴を使っています。手持ちで撮影しています。「ピンクのクローバー」は、遠景の建物も手前のクローバーの花と同じような解像度で写っています。レンズにはできない、ピンホールならではの写真です。

STEP 7 光を描写した撮影をしよう

　光を描写した写真をぜひ撮ってみましょう。ピンホールカメラではフレア（光の反射）が面白くきれいな効果を生み出します。ここも実際の例で説明します。
　美しい虹色のフレアが特徴の「虹色の路地」。時間帯はお昼少し前です。光の軌跡をとらえた「夜桜散歩」。花見の屋台などの夜景を50秒かけて撮影しています。

1:「あじさいの道」ISO 2000 1/8sec
2:「ピンクのクローバー」ISO 3200 1/25sec
3:「虹色の路地」ISO400 0.62sec
4:「夜桜散歩」ISO1600 50sec

まとめ
　ピンホールカメラは、見慣れた風景の新たな魅力や発見を引き出してくれる道具です。その描写はまるで光の絵筆のよう。光が持つ優しさや柔らかさ、ゆっくりとした時の流れを切り取り、レンズ付きカメラにはない光の表現を楽しみましょう。

49 100%自然のオブジェ「ハナズミ」を作ろう

| 藤井浩美 | Japan Bushcraft School インストラクター | 体験した ☐ DATE: |
| 佐々木京子 | WILD MIND GO! GO! 編集部 | |

　花、葉っぱ、木の実、野菜や果物など、植物の形をそのままに、真っ黒に炭化させて作る「ハナズミ（花炭）」。焚き火やカセットコンロなどの火があるところだと、簡単に作ることができます。この100%自然のオブジェは「飾り炭」とも呼ばれ、500年も前から「茶の湯」の世界でも珍重されてきたとか。また、鑑賞用としてだけではなく、除湿、脱臭や水の浄化にも効果がある万能なアイテムです。植物には、水や養分をすみずみに行き渡らせるための管があり、炭化させるとその水や養分だけが抜けて無数の孔が残り、この孔が匂いや水の汚れを捕まえてくれるので、脱臭や浄化といった効果が得られます。ここでは、見て楽しく使って便利なハナズミを作ります。

TIME 4 HOUR
STEP 5 STEPS
LEVEL MEDIUM

準備するもの
蓋のできる空き缶（アルミ缶不可）
釘（または 穴開けキリ）
耐熱性のグローブ（または 軍手）
焚き火（カセットコンロでも可）
水の入ったバケツ

STEP 1 素材を集める

多少向き不向きはありますが、大抵の植物はハナズミにできます。楽しむコツは、できるだけ自分の気に入った素材を集めること。その分、完成したときの感動が大きくなります。ハナズミになるまでの時間は、素材によって異なります。

水分が少ないものは短い時間、多いものは長い時間がかかります。同じ缶に入れるものは、できるだけ水分量が似ているものを選ぶと、失敗が少なくなります。

ハナズミにするため集めた素材

STEP 2 缶を準備し、蓋に穴を開ける

素材を並べる蓋つきの缶（アルミ缶は不可）を準備します。蓋がなければ、アルミホイルを数枚重ねて代用することもできます。缶は、周りに塗料がついていると、煙が出たりするのでシンプルなものを選びましょう。

缶が準備できたら、蓋に釘やキリなどで穴を開けます。ここでは四隅と真ん中に合計5つの穴を開けました。缶が高温になった時、この穴から膨張した空気や煙が出てきます。

缶にキリで穴を開ける

STEP 3 缶に素材を並べる

缶の本体に素材を並べます。少しずつ間隔を開けて、素材同士がぶつからないように並べます。素材の間に間隔がないと、炭化する過程や移動するときに、互いにぶつかり合って壊れてしまう可能性があります。特に壊れ易い素材は、個別にふわっとアルミホイルで包んでから缶に入れると安心です。すべての素材が並べられたら缶に蓋をします。

少しずつ間隔を開けて素材を並べる

CHAPTER 6 / 作る　225

STEP 4 缶を火にかける

　ハナズミ作りは煙が出るので、外で行うことをおすすめします。ここでは、焚き火を使います。代わりに、ガスコンロやカセットコンロでも可能です。

　缶を火にかけていきます。火傷をしないように、必ず耐熱性のグローブか軍手を使うようにしましょう。缶は、炎の真上に置き、缶に炎が巻く程度が火加減の目安です。火にかけてからしばらくすると、蓋に開けた穴から白い煙りが出てきます。これは、炭化に向かって素材が反応している合図。缶のサイズや火力にもよりますが、水分量の少ないものでだいたい30分ほど、水分量の多いもので大体50分ほどを目安に炊き続けます。

缶に炎が巻く程度が火加減の目安

白い煙が出てきた

STEP 5 冷めるのを待つ

　缶の穴から、煙が出なくなったら、炭化が終わった合図。耐熱性のグローブか軍手をつけて、缶をゆっくり火からおろします。そして、そのまま缶が冷めるのを待ちます。缶は、ある程度冷めるまでは、絶対に蓋を開けないでください！　熱いうちに蓋を開けると、酸素が入ることで、炭化素材が燃え出してしまうことがあります。缶が冷めたのを確認したら、蓋を空けます。水分や養分が蒸発して、少し小さくなった素材が、真っ黒に光っていたら完成です。

上：煙が出なくなった
中：火から下ろして冷めるのを待つ
下：真っ黒に光ったハナズミの完成

まとめ　身近にある素材で簡単に作れるハナズミ。カラフルな素材も、真っ黒に炭化させることで、自然の繊細な造形美がより際立って見えたり、植物をオブジェとして捉えたりと、新しい見方を得られます。

50 身近な薬草「オオバコ」で軟膏を作ろう

藤井浩美　｜　Japan Bushcraft School インストラクター
佐々木京子　｜　WILD MIND GO! GO! 編集部

体験した ☐　DATE:_____

　夏の暑い時期、悩まされるのがしつこく痒みの続く虫刺され。そんな時に活躍するのが、患部に塗る軟膏。身の回りに生えている薬草「オオバコ」を使うと、簡単に作ることができます。また、虫刺されのほかにも、擦り傷・保湿クリームとしても役立ちます。

　私たちの身の回りには、さまざまな薬草（薬用植物）が自生しており、その薬効は昔から生活にも取り入れられてきました。特に、オオバコは、日本全土、高地から平野まで自生する雑草のひとつ。近所の公園や道端でも見つけることができるので、簡単に手に入ります。ここでは、オオバコを採集し、オリーブオイル、ミツロウと合わせて軟膏を作ります。

TIME 3 HOUR

STEP 7 STEPS

LEVEL MEDIUM

準備するもの
オオバコ（オイルと同量）……150ml
オリーブオイル（オオバコと同量）……150ml
ミツロウ（濾したオイルの15%）……15g
アロマオイル（お好みで数滴）
まな板とナイフ
鍋（小）とバーナー
コーヒードリッパーとフィルター
ガラスの容器（湯煎用）とスプーン
計量カップ
完成した軟膏を入れる容器

CHAPTER 6　／　作る　　227

STEP 1　オオバコを採集する

　オオバコの葉っぱは、丸いサジ型をしています。近所の公園や道端へ出かけ、オオバコを探し採集します。オオバコを見分けるポイントは、茎や葉っぱの部分をちぎると、葉脈が縦に平行に走っているので、繊維が糸のようについてきます。まずは、1枚採取したら、ちぎって確認してみましょう。またオオバコは、まとまって生えることが多いので、1枚見つけたら周辺をよく探してみましょう。

茎をちぎると繊維が糸のように抜ける

STEP 2　素材と道具を準備する

　右の写真1枚目は、軟膏を作る素材です。オオバコは、葉っぱが汚れているようであれば、水で洗い水分を拭き取ります。ミツロウとは、ミツバチの巣から採ったロウを溶かして固めたもの。天然のものがあればよいのですが、インターネットでも簡単に購入できます。アロマオイルは、お好みのものを少量入れると香りづけにもなります。シルバーの容器は、軟膏を入れるアルミ缶（瓶やプラスチックケースでも可）です。小さいものを選ぶと持ち運びが便利になります。

　写真2枚目は、軟膏作りに使用する道具です。オオバコやミツロウをカットする、まな板とナイフ。湯煎に使うガラスの容器。ここでは、ガラス容器に計量メモリが記されているので、計量カップは省きます。容器に入っているのは、長めのスプーンと、その横は湯煎するための鍋とバーナー（自宅のガスコンロやカセットコンロでも可）です。最後に、フィルターを装着した、コーヒードリッパーです。

上：オオバコとそのほか、軟膏を作る素材
下：軟膏作りに使用する道具

STEP 3 オオバコをカットして、オリーブオイルと混ぜる

はじめに、オオバコを計量します。オオバコを計量容器に軽く押しながら詰め込み、メモリ150mlまで入れます。次に、オオバコをまな板の上に取り出し、ナイフでミジン切りにします。こうすることで、オオバコエキスが抽出しやすくなります。次に、先ほどの計量ガラス容器に、オオバコと同じ量（150ml）のオリーブオイルを入れて、そこへカットしたオオバコを戻して、スプーンで混ぜ合わせます。

オオバコを計量する / オオバコをミジン切りにする / オリーブオイルとオオバコを入れる

STEP 4 湯煎する

水を入れた鍋を火にかけ、沸騰したら中火にします。そこへ、オリーブオイルとオオバコを混ぜたガラス容器を入れて、15分ほど湯煎します。たまにスプーンなどでかき混ぜながら、シャキッとしていた葉っぱが、まんべんなくクタッとするまで湯煎します。

STEP 5 フィルターで濾す

湯煎から降ろし、フィルターをつけたコーヒードリッパーで、液体を濾します。余分な葉っぱが取り除かれ、オオバコエキスが染み出て、濃い緑色になったオリーブオイルだけが落ちてきます。次に、濾した液体を計量容器に戻して計量します。ここでは、だいたい100mlほどの、オオバコエキス入りのオイルが取れました。

湯煎する

葉っぱがまんべんなくクタッとなった

湯煎した液体を濾す

オオバコエキス入りのオイル

CHAPTER 6 / 作る　229

STEP 6 湯煎して、ミツロウを加える

抽出した液体にミツロウを加えます。液体の約15%のミツロウを加えると、軟膏として使いやすい硬さになります。ここでは、100mlの液体が抽出できたので、その15%となる15gのミツロウを準備します。溶けやすくするため、ミツロウはナイフで細かくカットしておきます。

再びバーナーに火をつけて、先ほど抽出した液体の入ったガラス容器を鍋にセットし、湯煎します。そこへ、カットしたミツロウを入れ、スプーンでかき混ぜて溶かします。ミツロウが完全に溶けたら、軟膏の元が完成です！　ガラス容器を湯煎から取り出しましょう。

上：ミツロウを細かくカットする
下：湯煎してミツロウを入れ、透明になるまで溶かす

STEP 7 香りをつけて、容器に流し込む

オオバコのちょっと青臭い匂いに、ミツロウの甘い匂いが混じった液体ができました。お好みでアロマオイルを数滴たらすと、香りづけになり、青臭い匂いも気にならなくなります。ここでは、ラベンダーのアロマオイルを数滴たらしました。次に、容器を並べて液体をそっと流し込み、液体が冷めて固まるのを待ちます。透明な液体が、きれいな黄色に変わったら完成です。

左：アロマオイルを数滴たらす
右：液体を容器に流し込む
下：液体が徐々に固まってきれいな黄色に

まとめ

古くから私たちには、治療に使える植物を見極める能力があり受け継がれてきました。便利になった現代では、ついつい見過ごされてしまうようになった薬草。そのひとつと向き合ってコミュニケーション（軟膏を作る過程での関わり）することは、確実に覚えることにつながり、そのパワーを日常に取り入れることができます。

CHAPTER 6 / 作る

おわりに

　本書の執筆、制作は自然という壮大なテーマを再考する機会となり、学びの多いものでした。4名の著者による個性あふれるエッセイも、そのひとつです。

　本書に掲載された4つのエッセイは、それぞれ異なる視点から人と自然との関わりを切り取り、深い洞察がその理解を深めます。かつて、人が自然の一部として生きていたころ、人と自然は密接に関係し、生活全体が自然と不可分でした。4つのエッセイをまとめて捉えてみると、失われつつある自然との関わりの多様さについて、私たちに語りかけているように感じられます。

　福岡伸一氏、阿部雅世氏は、好奇心の「対象」として自然と向き合い、そこから生きるための何事かをつかみ取り、藤原祥弘氏、川口拓氏は、精神的にあるいは物質的に自然と「一体」となって生きるということについて語っています。

　本書が掲載する50の自然体験もまた、それぞれ個性的なものです。一般的な自然体験とは異なる角度から自然を眺めることで、私たちは自然との多様な関係をもう一度創造できる、ということを示しています。かつて人の生活が自然と不可分であったように、自然との接点を現代に見合う形で、取り戻すということが本書の目論みです。

　本書で取り扱う自然との関係は広く多様であるため、本書は一見カオスのように感じられるかもしれません。しかし、このカオスにこそ意味があるとも思うのです。

　どんぐりの個体差を観察する体験と、どんぐりを食べる体験。自然と人工の区分けに目を向ける体験と、都市に育つスキマ植物を見つける体験。足元をマクロで見て流域について学ぶ体験と、ミクロに土の色を楽しむ体験など……。

　一見、無秩序に見える体験は、ときに見えない線で結ばれ共鳴しています。

無秩序に見える体験に何か秩序が見つけられた時、自然は新しいリアリティを語りかけてくれるようにも思います。心や感性に「生き物としての力」を取り戻すということは、今まで見えなかった新しい関係を自身の力で紡ぐことでもあると思います。本書の自然体験を実践したあと、本書をもう一度開き、見えない線でつながる新しい体験がないか、探してみてください。そして、いくつかの体験を実践してみたあと、遠く離れた点と点の間にある、見えない線を見つけてみてください。

　体験に潜む見えない線は、尽きることなくあなたに発見されることを待ち望んでいます。

　本書は数多くの人とつながり、共鳴しあうことで生まれてきました。本書の前身であるウェブサイト「WILD MIND GO! GO!」の企画と検討の機会をくださり、自然体験についての考察を深める議論を何度もさせていただいたカシオ計算機株式会社の谷治良高氏、森山一紀氏、東別府聡氏、酒井健一氏、國光弓恵氏、そしてウェブサイトへの寄稿と本書への掲載を快諾していただいた32名の著者の方々、エッセイを執筆してくださった福岡伸一氏、阿部雅世氏、藤原祥弘氏、川口拓氏、本書の企画を快諾してくれたオライリー・ジャパンの田村英男氏、編集を担当していただいた関口伸子氏、海外の旅行先から本書のためにイラスト制作をしてくれた西田真魚氏、エディトリアル・デザインを担当してくれた弊社永山希美、ウェブサイトの記事を書籍向けに再編集してくれた井上綾乃氏、WILD MIND GO! GO! 編集部の久納鏡子、佐々木京子、武田麻美、その他多くの皆さんのご協力に心から感謝申し上げます。

エクスペリエンス デザイン ディレクター・WILD MIND GO! GO! 編集長

岡村 祐介

著者一覧

阿部雅世 Masayo Ave	デザイナー・ベルリン国際応用科学大学 教授	018
新井文彦 Fumihiko Arai	きのこ写真家	070, 073, 077
石花ちとく Chitoku Ishihana	石花師	026
井上綾乃 Ayano Inoue	おさかなマイスター・編集者	094
上田壮一 Soichi Ueda	一般社団法人Think the Earth 理事・プロデューサー	102, 106
上田麻希 Maki Ueda	嗅覚のアーティスト	052
大重美幸 Yoshiyuki Oshige	テクニカルライター	087
岡崎太祐 Taisuke Okazaki	慶應義塾大学 総合政策学部、SFC TOUCH LAB	049
岡崎智弘 Tomohiro Okazaki	デザイナー	121
岡村祐介 Yusuke Okamura	エクスペリエンス デザイン ディレクター	010, 033, 091
小倉ひろみ Hiromi Ogura	CMFプランナー	029, 046
小野比呂志 Hiroshi Ono	ホールアース自然学校 理事	060, 097
川口拓 Taku Kawaguchi	WILD AND NATIVE 代表・Japan Bushcraft School 校長	109, 142, 168, 177, 183, 186, 208
川崎義弘 Yoshihiro Kawasaki	サウンドアーティスト・サウンドデザイナー	039
川邊透 Toru Kawabe	虫系ナチュラリスト	081
久納鏡子 Kyoko Kunoh	アーティスト	129
駒崎掲 Kakagu Komasaki	デザイナー・サウンドデザイナー	043

今野恵菜	インタラクション デザイナー・YCAM staff	190
Keina Konno		
佐々木京子	WILD MIND GO! GO! 編集部	224, 227
Kyoko Sasaki		
柴山元彦	自然環境研究オフィス代表・理学博士	084
Motohiko Sibayama		
園田純寛	「苔むすび」店主・代表	125
Sumihiro Sonoda		
武田麻美	WILD MIND GO! GO! 編集部	218
Asami Takeda		
塚谷裕一	東京大学大学院理学系研究科 教授	132
Hirokazu Tsukaya		
つくらし	未来とくらしをつくるちいさな学びの場 主宰	117
Tsukurashi		
中澤朋代	松本大学 准教授	193
Tomoyo Nakazawa		
仲谷正史	触覚研究者・慶應義塾大学 環境情報学部 准教授・JSTさきがけ研究者	049
Masashi Nakatani		
花嶋桃子	南房総市大房岬自然の家 運営スタッフ	067
Momoko Hanashima		
林敏弘	ピンホール写真家	220
Toshihiro Hayashi		
日々野鮎美	27歳 会社員	159
Ayumi Hibino		
福岡伸一	生物学者・青山学院大学 教授	014
Shinichi Fukuoka		
藤井浩美	Japan Bushcraft School インストラクター	224, 227
Hiromi Fujii		
藤原祥弘	エディター・ライター	063, 138, 148, 154, 162, 172, 198, 202, 212
Yoshihiro Fujiwara		
宮原悠	農園プランナー・発酵クリエイター	151
Yu Miyahara		
村角千亜希	照明デザイナー	036
Chiaki Murazumi		
柳瀬博一	NPO法人 小網代野外活動調整会議 理事	112
Hiroichi Yanase		

参考文献

『**Tom Brown's Field Guide to Nature Observation and Tracking**』
Tom Brown Jr., with Brandt Morgan 著
Berkley 刊

『**自然界の秘められたデザイン**』
イアン・スチュアート 著
河出書房新社 刊

Onomatopace：足触り触感を磨く感性ツールデバイス,
人工知能学会第17回身体知研究会, SKL-17-02 (pp. 6-16).
諏訪正樹, 筧康明, 西原由実
諏訪研究室ホームページ
http://metacog.jp/masaki-suwa/

生き物としての力を取り戻す50の自然体験
身近な野あそびから森で生きる方法まで

2018年7月25日	初版第1刷発行
2021年9月1日	初版第4刷発行

監修	カシオ計算機株式会社
編者	株式会社Surface&Architecture
発行人	ティム・オライリー
デザイン	永山希美 (株式会社Surface&Architecture)
編集協力	井上綾乃 (funfun design)
イラスト	西田真魚
印刷・製本	日経印刷株式会社
発行所	株式会社オライリー・ジャパン
	〒160-0002 東京都新宿区四谷坂町12番22号
	Tel (03) 3356-5227　Fax (03) 3356-5263
	電子メール japan@oreilly.co.jp
発売元	株式会社オーム社
	〒101-8460 東京都千代田区神田錦町3-1
	Tel (03) 3233-0641 (代表)　Fax (03) 3233-3440

Printed in Japan（ISBN 978-4-87311-842-0）

乱丁、落丁の際はお取り換えいたします。本書は著作権上の保護を受けています。
本書の一部あるいは全部について、株式会社オライリー・ジャパンから文書による
許諾を得ずに、いかなる方法においても無断で複写、複製することは禁じられています。